La puta gastronomía

Primera edición, febrero de 2019
Segunda edición, marzo de 2019
Primera reimpresión, abril de 2019
Segunda reimpresión, mayo de 2019
Tercera reimpresión, julio de 2022
Tercera edición, abril de 2025

El Desvelo Ediciones

Javier Fernández Rubio, director

Editorial Almuzara, S. L.
Parque Logístico de Córdoba
Ctra. Palma del Río, km 4
C/8, Nave L2, módulos 6-7, buzón 3
14005 - Córdoba
(+34) 957 467 081

eldesvelo.es
almuzaralibros.com
eldesvelo@almuzaralibros

ISBN: 978-84-129509-7-7
IBIC: WBA, 1DSE
THEMA: WBA, 1DSE
Depósito Legal: CO-444-2025
Impreso en España-Printed in Spain

Este libro ha sido impreso en papel Heman, el cual dispone del certificado de gestión forestal responsable FSC que garantiza una producción respetuosa con el medio ambiente.

Remartini

La puta gastronomía

Me asombra que seis años después se siga vendiendo *La Puta Gastronomía*. ¿Estáis tontos? Han sucedido tantas cosas desde 2019 en el planeta, en la alimentación, en TikTok, en tu vida, y en la mía, que es inevitable la tentación de reescribir algunos contenidos, para que no suenen desfasados. Me apetecería incluir, por ejemplo, la proliferación de la quinta gama alimentaria en la restauración, la progresiva desaparición de las barras en los bares, la brutal especulación alimentaria mundial, la invasión de los fondos de inversión en el sector primario, o que ya no me gustan los Risketos. Prefiero los Drakis Pandilla.

Pero no voy a tocar ni una coma del manuscrito original. Porque, básicamente, sigo pensando lo mismo de la gastronomía. Y porque amo este libro como no os podéis imaginar.

He decidido dejar también el prólogo de mi hermanico Pedro. Ahora es más famoso todavía que cuando lo firmó.

Quizá solo me gustaría añadir un deseo: que, al acabar la última página, aparte de coger las antorchas y empezar a quemar a gastromonguers, salgáis también corriendo a abrazar y a besar a vuestro Patricio particular. Se llame Patricio, Piticli, Domi o como haya querido el destino bautizar a vuestro socio de francachelas y pitanzas. Porque sin nadie con quien compartir el amor y la risa sobre un mantel, ni la comida ni la bebida pueden completar aquello para lo que fueron concebidas: celebrar la belleza de la vida.

Bienvenidos y bienvenidas, segunda generación de morroputas.

Remartini

Prólogo

El náufrago de la cuchara de palo

Al autor de este libro lo salvó de la depresión una cuchara de palo, lo cual es manifiestamente injusto habida cuenta la cantidad de gente a la que él salvó una vez y cientos, y a los que nos habría gustado pagarle aquel rescate siendo esta vez su flotador. A su manera, David fue durante unos meses Chuck Nolan, solo en una isla, y su balón Wilson, expresión redonda de nuestro afán de amor, fueron un trozo de madera, un fuego y un puchero. En estas páginas devuelve el favor convirtiéndolas en una balsa improvisada con la que todos podamos volver al hogar, aunque Kelly Frears se haya casado con otro. Pero este libro no trata sobre aquellos meses en que David estuvo perdido en una playa emergida en mitad del mar sin apenas moverse, hablar o alimentarse. Este híbrido de diario, ensayo y colección de pequeños prodigios es un tríptico sobre la comida compuesto por imágenes superpuestas, no consecutivas, y aun así inteligibles.

La más obvia, la imagen central de la tablilla, es un fresco herético y devoto a la vez —la fusión imposible de lo pagano y lo fervoroso, ya lo verán, es una singularidad del autor— sobre la epifanía culinaria que ha vivido España en estas décadas aceleradas. Dibuja los perfiles del furor por las cocinas, la propia y las ajenas, y de la tontería rococó que ha generado esta fiebre a su alrededor, plasmada en esos documentales de miriñaque con los que los restaurantes de postín pretenden engalanar sus platos de filosofías y trascendencias de libro de autoayuda. Es una denuncia de la patochada solemne y de la súbita floración de especialistas del disgusto, dispuestos a protestar por un diente de ajo que se hizo demasiado amigo de una llama. Pero a pesar de ello, este libro no es una impugnación, no es la protesta airada de un señor enfadado con el presente ni mucho menos una elegía nostálgica a las cacerolas antiguas. El emperador va desnudo, proclama David, sí, pero el propósito de nuestro notario no es la descalificación de la mentecatería o la exposición de un cuerpo grotesco oculto bajo las sedas, sino, bien al contrario, señalar que detrás de los refajos y jubones habita un torso hermoso. Porque la revolución gastronómica española, la ubicuidad mediática de las aristocráticas cocinas Michelin y los interminables programas televisivos de enseñanza y concurso nos han ampliado el vocabulario, las mañas con el fuego y el frío, el catálogo de víveres disponibles, el gusto por la hermosura de los alimentos y los emplatados, y la concupiscencia exitosa de los días con el fruto de la vid. La gastronomía patricia ha soliviantado el orgullo de los menús plebeyos, ha descorchado una curiosidad infantil por combinaciones insensatas de productos y elaboraciones, y, en fin, nos ha ensanchado el paladar y la sobremesa a precios populares. Nos ha hecho más sensibles al placer de ser penetrados, vía oral, por innumerables habitantes de este planeta generoso. El emperador chef está desnudo, por supuesto, pero tiene un cuerpo esculpido por Praxíteles.

La segunda imagen del tríptico, que se barrunta bajo el paisaje gastronómico con solo retroceder unos pasos y entornar los ojos, es un retrato del país y del mundo. Una delicada voluta de pincel sobre la humanidad de hace un rato y la de hoy mismo. Hablando de los panes, la cocción lenta, la fermentación del vino o la curación del salchichón, bendiciendo tradiciones que inmediatamente viola, David acierta a levantar un asombroso mural en el que se leen sin leerse los nombres de nuestros quebrantos políticos, económicos y sociales, los apellidos culturales de esta contemporaneidad multiforme y apabullante en la que pugnan, en enfrentamiento mitológico, el buen humor y el ánimo solemne, la inteligencia y el cinismo, la alegría y el boato, la ligereza y la importancia, que son casi siempre —es hora de decirlo— pares antitéticos. Una disyuntiva que es necesario resolver para evadirse de tantos otros falsos dilemas como nos proporcionan este país y este mundo, llenos ambos de sacerdotes empeñados en que discutamos si el Cielo habita en el rabo de toro o en las gyozas, en el ceviche o en los Risketos, si la devoción por la paella está reñida con plantarle al arroz una buena chistorra —¡que no lo llamen matrimonio!—, y si la comida ha de vigorizar vikingos o deleitar feligreses de meñique tieso. Dualidades impostadas, reñidas con la doble condición de bestia y arcángel a la que estamos condenados desde Darwin. Porque en estas pocas páginas cabe el mundo sin empacho, del mismo modo que en nuestros estrechos cuerpos caben cocinadas la flora y la fauna todas, si somos metódicos y pacientes en la empresa vital de albergar en la tripa un bullicioso Arca de Noé.

La tercera ofrenda que componen esta muchedumbre de certezas redentoras, fábulas extraordinarias y medias verdades, este panóptico de cuentos y actas que levanta David, es otro desnudo, el de su autor. Procede una confesión, sabrán perdonar la obscenidad: el que suscribe no fue quien es hasta que se cruzó con este aragonés estrecho, llave allen del conjunto de tableros y bisagras que uno era y con los que anduvo hecho un trasto equivocado hasta el feliz encuentro. En su estupor sonriente ante el gozo, su propensión a la vitalidad, su valentía para convocar la catástrofe y reconstruir el mundo después, en su hambre de saberes y placeres y en su generosidad insobornable para evangelizarnos en la sensualidad halló uno mismo el mejor encaje de sus piezas. Como si uno hubiera venido al mundo incompleto, esperando sin saberlo una piedra de clave zaragozana para que su arco pudiera elevarse sobre la gravedad de lo anodino, lo mezquino, lo triste y lo ensimismado. David lo hace sin querer, sin ser del todo consciente de su don y su regalo. Por eso dedica muchas páginas a Patricio, cobaya improvisado de victorias y derrotas ante la encimera, y en su incondicional amor por ese Antínoo protestón, este Adriano de las brasas, que, como el emperador romano, es catedrático del sentido común, eleva una proclama de amor incondicional a la vida y a sus habitantes.

En cada página de este breve volumen late una batalla épica contra la tristeza, el malhumor y la afectación, y en su abundante erudición culinaria, enemiga fiera de la importancia, se contiene una oda al placer que reside en lo hermoso, lo inteligente y lo bueno. Este libro es sin pretenderlo un manual del comer y del cocinar desde un sacrílego desorden de las categorías, una guía para quemarse, cortarse y ensuciarse, para abrazar la gula con lujuria y viceversa, un viaje a lomos de un dragón blanco por otros muchos libros, lugares y comilonas, y una pauta para comer con los dedos, con palillos, con tenazas o con cuchara. Pero también y sobre todo es el cuaderno de bitácora de una vida glotona, un balón Wilson para cualquier naufragio y el menú degustación de un guisandero que engrandece, mientras se ata el delantal y nos sirve un vino, nuestro gusto, nuestra sabiduría y nuestra felicidad. Abran la boca.

Pedro Vallín

3 de enero de 2019

Para Dora, por la comida.
Para Jesús, por el vermú.
Y para Irene y Ruth, por tantas risas.

El último bar

Si durante los días de tu vida te has levantado de habitual con un buen afán, decidido a pasarlo bien y tratando a la gente con alegría, cuando te mueres vas a parar a un bar donde no cenas, sino que siempre desayunas. Me lo contó durante un sueño Julio Camba, que ya está ahí. Camba y yo somos muy amigos, tan parecidos y tan distintos, un tipo listo y otro tonto con humores gemelos y con una suerte añadida: yo nunca tuve que lamentar su muerte y él, cuando suceda la mía, se alegrará un montón, pues me tiene reservada una banqueta a su vera en el susodicho establecimiento del Más Allá.

En ese bar, donde la charla no cesa, conocen de antemano cómo te gusta el café. Sirven el jamón recién cortado, los zumos naturales no conllevan un abusivo recargo y la tortilla de patata siempre la cocina tu madre. También clavan la tortilla francesa, plegándola sobre sí misma antes de cuajarse, con ese amor paciente que tanto escasea entre la hostelería terrenal. El huevo, ya se sabe, precisa funambulistas del fuego, que probablemente sólo se forjen allá donde quemarse da igual, o sea en algún cielo, caso del que me describió mi amigo en un sueño.

Camba está encantado, porque en realidad ese bar eternamente matinal es un premio para quienes ya llegan allí en tal estado, satisfechos, habiendo aprendido que sólo podemos manejar nuestro ánimo, y las más de las veces, a duras penas. Somos huevos que, tras quebrarse la cáscara, se van cociendo en frustraciones, friéndose en trabajos ingratos, atortillando en sus afectos y en general, revolviéndose con un montón de pijadas sin sustancia. Por eso acabamos tiesos.

I

Justificación del grosero título de este libro

Era uno de esos viajes que organizan las administraciones públicas para propiciar el turismo, y al segundo día ya había llegado a la conclusión de que aquel bloguero, pequeño, callado y altanero, era además un imbécil descomunal. Llamémosle Gastromonguer, ya que este tipo de blogueros gustan de fundirse ontológicamente con la marca que pretenden consolidar a golpe de *like*. Son ellos, son su ocupación, pero sobre todo son su avatar. Son fantasmas.

Desde que habíamos iniciado el viaje, Gastromonguer se había dedicado, únicamente, a fotografiar con fruición los platos que nos habían servido en los restaurantes escogidos por la organización, una buena selección de mesones de pueblo y locales laureados por guías de prestigio representativa de aquella comunidad autónoma cuyos deleites debíamos promocionar después los agasajados. Sin embargo, ya fuesen lentejas con denominación de origen o becadas a baja temperatura, el fulano aquel apenas había probado casi nada de cuanto le habían servido en plato de marqués. A los presuntos periodistas se les trata en estas excursiones subvencionadas a cuerpo de Borbón campechano, pero Gastromonguer venía ya ungido de casa. Incluso se había permitido varios desprecios, rechazando con remilgos un pichón asado al recibirlo a la antigua usanza, o sea entero y embalsamado sobre patatas panaderas, o un huevo frito de casa, de la misma granja aledaña adonde vivía el paisano que lo había frito, porque no estaba «coagulado del todo». En ese momento concreto casi le parto la boca. Una buena hostia a mano abierta con el huevo adosado a ella, que le hubiera estampado la dulce yema entre ojo y ojo chorreándole, a ser posible, el teléfono móvil. Supongo que me frenaron los abundantes ansiolíticos que ya ingería en los desayunos como parte de mi dieta matinal.

Merced al abotargamiento de las pastillas me quedé rumiándome la ira, mientras Gastromonguer seguía colocando y recolocando el plato del huevo en distintos rincones del restaurante, cual polilla, en busca de la mejor iluminación para su foto. Una vez que acabó de instagramearlo, tuitearlo, feisbuquearlo y de enviarlo a la Estación Espacial Internacional, y con el resto de la mesa ya degustando los postres, le dirigí una mirada de odio albumínico que no recibió porque, en su arrogancia, también ignoraba a cuantos componíamos el resto de la comitiva.

Los viajes de turismo para prensa se desarrollan más o menos así: juntas a varios individuos que publiquen en distintos medios de comunicación y los conduces deprisa pero acolchados a través de una selección de restaurantes, hoteles, museos improbables y fotografías panorámicas, atropellando el programa promocional durante dos o tres jornadas frenéticas. El viaje ha de transcurrir lo suficientemente acelerado como para que el desconcierto, el atiborre gratuito y el inevitable sentimiento de culpa consecutivo empuje a los invitados a vanagloriar en sus respectivos medios cuanto les has regalado por ser quienes son: gente influyente. Yo, que apenas podía influirme a mí mismo ayudado por la farmacopea, iba en representación de mi diario. Llevaba varios años escribiendo de comer y de beber durante mis ratos libres como periodista provinciano, y acababa de regresar de una breve baja por estrés. Mi director había tenido a bien traspasarme el viaje —estaba invitado él— para facilitarme la reincorporación. O quizá para que dejase de protestar.

En el avión coincidí con media docena de periodistas, blogueros y escritores dedicados principalmente a la gastronomía. Especialistas, o presuntos especialistas como yo. La diferencia entre esos tres colectivos es sencilla: el periodista gastronómico escribe para que le paguen; el bloguero, para que le adulen; y el escritor, para engullir gratis. Yo mismo era periodista y bloguero a la vez, y con mis actividades procuraba ingresar dinero, aplausos y digestiones memorables. La estrella de la expedición, sin embargo, era Gastromonguer, quien atesoraba tropocientosmil seguidores en redes sociales bajo su avatar. Como hoy en día nadie sabe medir audiencias —o mejor dicho, nadie sabe sacarles rentabilidad—, el número de seguidores equivale por sí solo al baremo del éxito. Y en ese universo métrico, Gastromonguer era un crac: contaba los *followers* por miles, alimentaba una web llena de *banners*, colaboraba en una emisora de radio, publicaba columnas en dos revistas del sector y conocía a todos los próceres de la alta cocina. Estaba en el ajo, en la pomada, en el ciberespacio del gusto. Y desde allí trataba a los demás: solo abría la boca para indicar que aquella crema de boletus, de la que había sorbido una miaja con un molín de escrúpulo, le recordaba a «la que incluyó Andoni en su menú de 2006»; o cuando sospechaba que el cordero a baja temperatura «estaba copiado del que presentó el año pasado Albert en Madrid Fusión». Madre, cuántas hostias con huevo necesitaba el pobre.

Llegada la última cena, exploté. En lugar de llevarnos al habitual estrella Michelin, nuestros patrocinadores nos presentaron a un cocinero con talento que, tras diversas aventuras hosteleras, se había refugiado en un restaurante propio, pequeño, sin carta, donde despachaba lo que cada semana le apetecía, en función de cuanto encontraba durante sus paseos por el mercado local. Ni siquiera tenía carta de vinos:

al llamar para reservar te contaba los ingredientes principales de la semana y te recomendaba que llevases tú mismo la botella o botellas que más te gustasen. Así gastabas lo que querías (el vino suele ser la condena de cualquier factura) y él se ahorraba problemas de esnobismo con los frecuentes gourmets de barrio, según me confió más tarde. Era un tipo de poco hablar, gordo pero rotundo, como son los cocineros gordos pero rotundos (un fenotipo en sí mismo), y a tenor de lo dicho sobre su actitud, un tipo inusualmente razonable como hostelero.

Nos sentamos y empezó uno de los mejores menús que recordaré por siempre: una crema de vainas con su espuma que me puso verde las entrañas; un arroz de sardinas asadas que olía a su grasa ahumada aun a través del alioli; y unos espárragos blancos aderezados con tres suculentas salsas que no pude descifrar, pero que todavía siguen bailando en mi memoria con la alegría de las Shangri-Las y de las Ronettes.

Nada más llegar y estudiar el local, nuestro amigo Gastropolilla pidió que le habilitaran una mesa aparte, bajo una lámpara concreta, para hacer las fotos. La mesa donde íbamos a comer recibía una iluminación demasiado tenue para alumbrar su arte. El suyo, no el del cocinero, claro, pues la difusión de imágenes de platos enlucidas por esta clase de blogueros/fotógrafos pretende apropiarse en cierto modo del talento ajeno, o cuando menos, formar parte de él: «Yo lo descubrí, yo tuve el olfato de verlo», etcétera. Gastrophone, pues, nos libró de su impertinente compañía durante la mayor parte de la velada, haciendo sus cosicas mientras los demás charlábamos y masticábamos felicidad.

Cuando acabó la sesión/emisión y finalmente se sentó, otro compañero de viaje, un escritor asturiano, tuvo una idea que a los pocos minutos acabaría en bronca. Me pegó un codazo cómplice, tan desmesurado que me tiró el trozo de pastel justo cuando me lo aproximaba a la boca, y me sugirió que le preguntásemos al bloguero especialista qué pensaba acerca de la sidra. De la sidra asturiana, por supuesto, pues para los asturianos no existe otra. El resto son brebajes, como el resto de España es tierra reconquistada.

Recuperando del mantel el trozo de chocolate que me había precipitado, le contesté en voz baja que no guardaba intención alguna de meterme en semejante debate, ante lo cual, decidió soltar él mismo la liebre. Los asturianos —insisto— son así.

—Oye, tú que sabes tanto de gastronomía y eso…, ¿qué piensas de la sidra asturiana?

Creo que la respuesta ocupó quince minutos, recitada con la solemnidad de unas coplas por la muerte de algún padre. «Al fin puedo explayarme», debió de pensar Gastromonguer, visiblemente a gusto de enfundarse en su papel de sacerdote virtual. Bajo un torrente de prosopopeya, nos ilustró sobre los orígenes de la sidra, su proceso básico de elaboración, sus variedades, las muchas sidras que había probado por distintos puntos del planeta, las principales marcas y bodegas del orbe y, finalmente, con un par de frases sentenciosas, sobre la pena (teatral) que le provocaba la sidra asturiana por carecer de calidad y representar la incapacidad de sus productores de crear algo excelso, esto es, un mercado internacional con beneficios y un prestigio culinario equiparables al champán o el vino de hielo alemán. Algo así dijo, sin permitirse siquiera pausas que facilitaran la respiración propia o la intervención ajena.

Hubo un minuto de silencio en la mesa cuando acabó la perorata.

Miré al escritor asturiano, esperando que contestara. Pero la sonrisa de su cara me dejó bien claro que:

No se había enterado de nada.

No le importaba una mierda no haberse enterado de nada.

Se lo había pasado teta contemplando el engreimiento de la Polilla Séneca.

A mí, sin embargo, la sangre me aporreaba las sienes. Las moléculas de los ansiolíticos se habían quedado patidifusas ante lo escuchado, permitiendo el paso de una turbamulta de glóbulos rojos armados con antorchas que exigían Justicia. Casi me pareció notar entre los exaltados al mismísimo Manuel Vázquez Montalbán puño en alto y a Julio Camba expulsado por la ira de la cama de su hotel. Aquel 15M sanguíneo descendió, empujado con odio, desde mi cerebro hasta la boca, que por supuesto no pude mantener cerrada:

—Está muy bien eso que nos has contado, ¿pero no piensas que tras la sidra hay algo más? Yo he vivido muchos años en Asturias y beber sidra es, sobre todo, un gesto colectivo. Se bebe sidra en grupo, se comparte, se bebe del mismo vaso. Además, la sidra tradicional es como es porque apenas se cultivan manzanas suficientes para producir la cantidad que se consume en Asturias, no te digo ya para exportarla. Los productores han probado en otros formatos, sidra de mesa y cosas así, que están muy bien, pero me parece que el resultado son productos distintos, ¿no?

Remarqué el «¿no?» porque, aunque sublevado en mis adentros, no pretendía enzarzarme. Conforme exponía mis sencillos argumentos, los ansiolíticos habrían empezado a desalojar la plaza de mi cabeza, calmándome. Simplemente quería evidenciar que tras cualquier alimento o bebida, y especialmente tras la sidra, pervive un uso social, tan interesante para analizar como la misma botella en cuestión. Además, ese fulano sabía mucho más sobre la Teoría y Aplicaciones de la Fermentación de la Manzana que las cinco últimas generaciones de lagareros del concejo de Nava. Si centraba el tiro en el ámbito enciclopédico, estaba perdido.

De nada sirvió. Gastromonguer, feliz de poder seguir desplegando su biblioteca, contraatacó con la furia de un Fernando Fernán Gómez atrapado en un plató de Telecinco. Insistió en la formidable industria sidrera que había conocido durante sus viajes por Europa y me acusó de rancio, de defender una tradición caduca que durante décadas había anclado a España en un triste pozo gastronómico, en la boina que nos había alejado de la modernidad, de la Estación Espacial, de la Organización Mundial de la Salud y del garaje de Steve Jobs.

Me llamó reaccionario, vamos.

De nuevo, decenas de moléculas de Alprazolam fallecieron arrolladas en mis principales arterias. Reiteré que la gastronomía no podía reducirse a un negocio obligado a inventar cada día la pólvora, y en que la sidra era una bebida vieja, en efecto, pero a la vez divertida. Que hablar de comer nos obliga a hablar también del simple, pero mayúsculo, placer de comer —algo que él no había hecho en todo el viaje, por cierto—. Pero le hablaba a una pared. Cada opinión que conseguía farfullar le encabezonaba más en la certeza de que yo no tenía ni puñetera idea, mereciendo por tanto un severo correctivo intelectual. Con el resto de la mesa asistiendo a una final de Wimbledon entre Pajares y Esteso, y con su verborrea machacando mi —de por sí escasa— capacidad de razonamiento, Gastromonguer me fue arrinconando a golpe de datos y extranjerismos hasta que, como garrotada final, zanjó: «Con gente como tú, los vinos españoles seguirían siendo esos vinos de pueblo que se hacían cuando yo era un crío».

Supongo que la cara se me puso de color burdeos. Porque uno de los responsables de la organización, sentado a mi otra vera, me propuso, aprovechando el histérico silencio que guardé durante unos segundos, que nos tomásemos juntos el café en la terraza «para tomar el aire». Consciente de mi derrota, acepté. Salimos los dos, yo cabizbajo, quemándome los zapatos de rabia cual Rocky con su entrenador tras tirar la toalla y haber tropezado con el cubo de los escupitajos.

Nos sentamos en la terraza a esperar los cafés. Para mi sorpresa, apareció el cocinero con ellos. Nos dejó las tazas en la mesa sin mediar palabra y se sentó también. Sacó un paquete de Marlboro, me miró, me ofreció un cigarro que acepté y, encendiéndomelo, me dijo:

—La puta gastronomía, ¿eh?

Rompimos los tres a reír.

—La puta gastronomía, en efecto —contesté.

Y así nació este libro.

(Lo firmo con mi pseudónimo para ponerme al nivel del enemigo).

Una oración

Creo en el Pan todopoderoso nacido de la tierra y del arrullo del cielo. Creo también en el Vino, su mejor amigo, concebido por obra del hombre y por gracia del azar, sometido por la barrica, y enterrado en la botella para resucitar de entre los muertos cuando le descorchas el reposo y, como Lázaro, su alma perfumada echa a andar. Ante todo, pues, creo en la Levadura, capaz de ascendernos de cualquier sepultura y de sentarnos a la derecha de los nuestros para comulgar con un mendrugo y un trago, olvidándonos del infierno, que menudo invento. Creo que el trabajo es un suplicio, que el amor no merece reflexión, que el sexo es el deporte del Olimpo y que cada vez que te extraño, todo, todo, me sabe amargo, querida mía, querida Virgen de la Nuca Desnuda. Perdona mis pecados, Señora. Lávame las manos, tírame del caballo, déjame acogerme a sagrado y dame con tu carne la única resurrección posible para mi pobre espíritu de Poncio Pilatos. Porque bendita tú eres entre todas las mujeres y bendito tu vientre y más allá. Déjame servirte vino, hornearte hogazas, lavarte los pies, rendirte Roma y edificar sobre esta piedra que es mi cabeza una Santa Iglesia de migas, risas y días de paz. Prometo ser arquitecto, ingeniero, artesano, carpintero, albañil y armador. Prometo rondarte y tentarte siempre. Prometo no recordarte, porque nunca te podré olvidar. Y prometo ser tu apóstol desde la barra de cualquier bar.

Amén.

2

La comida es un cuento

Un mes después de aquel viaje propagandístico donde conocí a Gastromonguer necesité otra baja laboral. Esta vez más larga e impertinente, pues el estrés se había convertido en depresión, lo cual me ocupó más tiempo de recuperación. He de aclarar, no obstante, que mi recaída definitiva no fue culpa de mi compañero de viaje. El trastorno ya me veía de atrás. O al menos, eso asegura mi psiquiatra.

La depresión es una enfermedad engorrosa: te deja libre todo el tiempo del mundo pero sin tus habilidades naturales para aprovecharlo. Las herramientas que hasta entonces has utilizado para satisfacerte la vida dejan de repente de servir. No te apetece comer, tumbarte en el sofá, copular, escuchar música o charlar. Los días transcurren sin que te importen un bledo, sin ganas para congeniar con otros seres humanos y sometiéndote, violentamente, durante cada minuto, a lo peor de ti: a tus remordimientos y frustraciones, al trastero de tu memoria. Al infierno. Tu cabeza asume el mando, cortando los circuitos que de normal te permiten manejarla, y empieza a navegar sola en círculo, rebozándose en sus miserias, atrapándote en un pozo inexplicablemente confortable e inexplicablemente inteligente. Porque la depresión es muy inteligente, mucho más que tú, y por eso te subyuga. Es capaz de convencerte cada mañana de que no merece la pena salir de la cama. Es capaz de convencerte cada noche de que no merece la pena compartirla.

Hay que estar muy loco para hacerle caso a una depresión.

Para escapar de su gobierno tirano, precisamente has de reconocer primero esa supremacía y adiestrarte después en cualquier hábito que te permita sortearla. Debes aprender a ignorarte, lo cual implica una cura de humildad absoluta. Cuando te plantas en la consulta del psiquiatra sorbiéndote los mocos sin saber por qué, su primera recomendación es que te esfuerces en una actividad o pensamiento alejado de tu paranoia particular, de tu infierno, para, de esa forma, empezar a independizarte de ti mismo. El doctor te insiste en que ignores como sea al puñetero Mr. Hyde.

En mi caso, como no conseguía la suficiente concentración para leer o ver la televisión, probé a encerrarme en la cocina, intentando aislarme allí del golem. Desde mis años adolescentes, guisar constituye una de mis aficiones más placenteras y relajantes, así que al acogerme a aquella baja laboral, como primer esfuerzo matinal me arrastraba en pijama y zapatillas desde la cama hasta la cocina y me ponía a mezclar harina con agua y levadura de forma mecánica para hacer pan. Si cogía carrerilla, hasta me animaba a sofreír algunos ajos melancólicos con cebollas mustias y zanahorias chuchurrías para componer un estofado. O a escabechar un conejo, ahumándome la cara pasmada con el perfume del vapor. En aquellos días era un zombi de cerebro congelado, pero con una cuchara de palo en la mano. Me agarré a ella bien fuerte y funcionó.

La cocina me salvó. Me ayudó a entenderme mejor, una de las muchas virtudes que comparte con los tebeos, los discos, la gente, el cine o los libros, las otras aficiones que desde crío han entretejido mis peripecias dándoles algún sentido inteligible. Inteligible para mí, claro, pues cada uno construimos nuestro propio relato (excepto Gastromonguer, que es un cronista de la sabiduría universal). Las cosas que nos gustan a menudo son las que nos explican.

Una de las primeras novelas que me enseñó ese camino fue *Sinuhé el egipcio*, de Mika Waltari. Nunca olvidaré quién la escribió porque mi memoria se aprendió de carrerilla el título y el autor. Me sucedió también con *Pedro Páramo*, de Juan Rulfo, hasta tal punto que a veces me equivoco durante una conversación y observo a mi contertulio que hace poco he releído *Juan Rulfo* de Pedro Páramo o que una de las novelas que más me han impresionado en mi vida es *Mika Waltari*, de Sinuhé el egipcio. Supongo que hay escritores que se confunden con su imaginación. Supongo, también, que mi cerebro es disléxico por algún lado. También estaba así antes de la depresión, según sostiene mi doctor.

El pasaje de Sinhué que de joven me trasvoló el entendimiento transcurre en un taller institucional donde al protagonista le enseñan a embellecer los edificios sagrados con murales y relieves alegóricos de la familia real. Al cabo de bastantes días pintando y tallando gente bajo la misma perspectiva, alguien, no recuerdo si el propio Sinuhé o un amigo que trabaja con él, le pregunta al maestro artesano por qué al faraón se le representa siempre de perfil. A lo que el maestro responde:

—Porque siempre ha sido así.

Los aprendices, desconcertados, cuestionan de inmediato la hierática explicación de su superior. Contraponen, con esa lógica aplastante de los adolescentes y con ese amor por la belleza tan propio de su edad, que el faraón quedaría más agraciado esculpido de frente, en lugar de perfil, y que de ese modo sus facciones aparecerían reconocibles para los súbditos y además le distinguirían de sus antepasados y sucesores en el trono de dios. El maestro se escandaliza. Con el cincel temblando por cuanto acaba de escuchar, les acusa de blasfemos: han cuestionado la tradición.

Como digo, ese pasaje marcó mi biografía. Desde que lo leí, empecé a buscarle el porqué a las cosas más insignificantes: por qué me gustaban determinadas chicas; por qué el ruido de Joy Division me zambullía; por qué el Cola Cao no se disolvía nunca; por qué en Semana Santa se sacaban en reverencial y silencioso paseo unas espantosas esculturas del Dolor. Supongo que, como Sinuhé, intentaba no ver la vida exclusivamente de perfil.

Ya siendo un supuesto adulto, y durante aquel periodo en el que la guerrilla disléxica de mi ser tomó el mando y la depresión se procesionó soberana a lo largo y ancho de mi cuerpo, gobernando con pánico —maldito Robespierre—, a menudo, sentado frente a la encimera, me pregunté por qué cocinar me ha proporcionado siempre tanto placer. Cocino porque me divierte cocinar, porque me permite usar las manos, porque me encanta comerme el resultado y porque es una forma de ofrecer felicidad a quienes quiero. Sin embargo, durante las horas muertas de mi enfermedad descubrí que cocino por otra razón: cocino porque me encandilo con las cosas que cocino, aunque esto suene terriblemente *new age*. Desconozco si a todos los que comparten esta afición les sucede lo mismo, pero yo establezco con los ingredientes de mis guisos —con las coliflores, con los conejos o con las anchoas embalsamadas— una relación de divinidad. Siento que, como decía el maestro Josep Pla, los resucito y los venero al transformarlos en alimentos que trascienden su condición de simples vituallas. Regreso del mercado y ya les voy hablando cariñoso a las nuevas hortalizas y a las carnes y a los peces que en el carro se apretujan junto con la harina de las mil maravillas que les voy dispensar, como quien le habla a un niño pequeño que aún no puede contestar, acompañando mi perorata con arrullos y melindres y mohínes ciertamente vergonzantes. La gente me señala, susurra a mis espaldas, y a mí la verdad es me que da absolutamente igual. Esta costumbre me ha vuelto más loco, probablemente, pero creo que también más bueno.

Mi amigo Pedro, con quien aprendí a caricaturizar faraones en los periódicos y a quien siempre le pido palabras cuando yo no encuentro las mías, sostiene que «solo hay tres atributos que me importan. En el orden en que podemos percibirlos son belleza, inteligencia y bondad. Otros aprecian la coherencia, la firmeza, la modestia… Yo no. Solo esos tres». Yo sostengo lo mismo, porque se lo he escuchado a él. Y creo firmemente que la cocina es uno de los talleres que reúnen esos tres atributos capaces de alegrar cualquier vida: lo bello, lo inteligente y lo bueno. Durante mi depresión, bien absorto mirando al horno o bien escondiéndome de la guillotina de mi cerebro entre las masas de levadura, la cocina me devolvió poco a poco el aprecio de esas cualidades a mi alrededor, reconciliándome conmigo y con el mundo. Fue el sitio donde pude empezar a enderezar mis días. En especial haciendo pan, cuya elaboración matutina se convirtió en el bálsamo desde el cual interpretar y superar lo que me estaba pasando. Porque el pan, ya se sabe, es una oración y es un milagro.

Para hacer pan compro la levadura en el Mercado de El Fontán, el antiguo mercado de abastos de Oviedo, uno de esos edificios de arcadas modernistas que han sobrevivido dejados de la mano de dios, destartalados e ignorados por el ilustre ayuntamiento. Sucede en Oviedo, en Santander o en Zaragoza, en las ciudades donde todavía no ha llegado la moda de transformarlos en parques temáticos. El de Oviedo funciona aún como un gran cobertizo luminoso, con pescaderías, pollerías, puestos de chacinas, quesos y dulces artesanos, mucha tercera edad y unas cuantas verdulerías con el género dispuesto en un imposible equilibrio piramidal.

El mercado proporciona un contacto cotidiano con lo mejor del mundo, con seres vivos que conversan y con cadáveres que huelen bien. Es un contrato social, un templo para los sueños civilizados de Rousseau: el público se ordena solo, pidiendo la vez o cogiendo el ticket, y los tenderos se apiñan juntos en un espacio igualmente parcelado, sin más armas para competir por el dinero ajeno que la exhibición de su género y su talento. Unos y otros hablan, se preguntan, se aconsejan, predomina la urbanidad. Cuando alguno se cuela, recibe de inmediato una sanción. «Señora, no se haga la sueca». Porque el funcionamiento de esta organización se basa en la confianza: cada cliente ganado supone una conquista fundamental para el tendero; cada comprador que encuentra un buen proveedor al que confiar su alimentación se marcha satisfecho. Nadie odia a los mercados, pero todos detestamos a nuestro banco. Quizá porque en el banco tenemos la sensación de que el cadáver somos nosotros.

Es curioso que en la época más fabulosa para la alimentación humana, los mercados hayan perdido su clientela. A mis 47 años, en El Fontán me suelen llamar chaval, pues la media de edad a ambos lados del mostrador supera la mía de largo. La clientela se amojama a pasos agigantados, las colas se acortan a ritmo de esquela. A veces dudo de si la señora que se hace la sueca está realmente viva o es un espíritu encarnado de esos que paría la imaginación del joven Bécquer en sus leyendas tramontanas. Solo los sábados y las vísperas de fiesta encuentras algo de follón en El Fontán, y mayormente para comprar chuletones o marisco. Normal pues que desaparezcan los mercados, o que en el mejor de los casos se transformen en galerías pijas como las de San Miguel o San Antón en Madrid: «Enriquece tu entorno más cercano y visita al frutero, sé amable con el carnicero, encaríñate con tu pescadera, haz migas con la panadera y desea con toda tu alma a quienes madrugan y traen de su huerta puerros, judías verdes y lechugas», conmina David de Jorge en *Con la cocina no se juega* para salvar algo más que el nombre de los santos.

Robin Food tiene razón: carniceros, fruteros, pescaderos y panaderos te invitan con su oficio a celebrar la comida porque, si te gusta la comida, cuanto exponen en sus escaparates te parece bello, inteligente y bueno. Y te sugiere mil posibilidades: esa paletilla de cordero, ese hinojo fresco o esos calamares rosados como el culo de un bebé espartano constituyen un placer en potencia, un punto de partida. Son componentes que te puedes llevar a casa para aderezarlos, combinarlos y edificar grandes platos. Para jugar; o para pelear contra un trastorno cerebral, llegado el caso. La buena cocina nace siempre de una imaginación. La buena cocina es un relato.

Todos los chefs insisten en que sus largos menús degustación, presentados como un desfile ordenado de bocados, pretenden «contar una historia», es decir, lo que para ellos significa la cocina. Muchos no saben en realidad qué pretenden contar, pero la frasecita, equiparable a «El fútbol es así» de los futbolistas, les emperejila ante los micrófonos, hablando de sus ingredientes como lo haría un novelista con sus personajes. A la inversa, toda la admiración por los grandes cocineros surge también de un relato, pues la proporción de aficionados que han comido o que comieron en los restaurantes legendarios, en el Noma de René Redzepi o en El Celler de Can Roca, es lógicamente ínfima. El resto, imaginamos sus recetas desde la impotencia de nuestros salarios. Los bancos todavía no han abierto líneas de crédito para viajar a Copenhague y ponerte ciego de ostras bañadas en salsa de reno.

De igual forma, quienes disfrutamos comiendo a menudo comentamos los platos mientras los ingerimos, a veces con simples gruñidos, otras buscando las palabras mientras tragamos, atropellándonos de entusiasmo la conversación y transformando la digestión en páginas. Incluso acabamos los grandes festines recordando comilonas pasadas, actualizando nuestra lista de banquetes memorables, como hace el obispo protagonista de *La gula*, el cuento de Manuel Vázquez Montalbán, después de naufragar en una isla y quedarse a solas con su memoria.

A mí me encantan los relatos, la comida y los mercados. Atendiendo a los consejos de David de Jorge, visito a mis tenderos y me encomiendo a sus advocaciones. Leo los libros de recetas como si fueran novelas, imaginándome el proceso de elaboración y sobre todo el resultado, su sabor. Cuando voy a una panadería con obrador propio prefiero encontrar cola y aguardar mi turno: así aprovecho durante más rato el aroma a levadura. Al salir, huelo la hogaza metiendo la nariz por completo en la bolsa. De ese tipo de sensaciones provocadas por la comida he estado escribiendo durante quince años en periódicos y blogs, contando lo que veía o lo que sentía.

Todo cuanto he escrito, no obstante, es mentira, atendiendo al impecable razonamiento de Julian Barnes en *El sentido de un final*:

«¿Cuántas veces contamos la historia de nuestra vida? ¿Cuántas veces la adaptamos, la embellecemos, introducimos astutos cortes? Y cuanto más se alarga la vida, menos personas nos rodean para rebatir nuestro relato, para recordarnos que nuestra vida no es nuestra, sino solo la historia que hemos contado de ella. Contado a otros, pero sobre todo a nosotros mismos.»

La cocina no se escapa de ese proceso de narración que necesitamos los humanos para conferirle un sentido a nuestro lamentable destino final, a la absurda condena de tener que morirnos cuando decida el azar. Cocinamos para otros, pero siempre para nosotros: somos nuestros primeros comensales, los que imaginamos el plato antes de guisarlo y sus jueces más implacables. De la misma forma, escribimos para nosotros

—para entender y entendernos— antes que para los demás, aunque en último término busquemos siempre el aplauso de las masas. El periodismo intenta tomar una distancia objetiva y acercar la realidad al relato, anulando el ego y priorizando los hechos, pero nunca lo consigue del todo porque no puede sustraerse de la narración, no puede prescindir de un cauce que estructure lo sucedido y que, por ende, lo manipule. Pedro J. Ramírez y Juan Luis Cebrián saben bastante de esto.

Yo tengo un relato propio sobre mi relación con la comida, que ha tratado de ser periodístico cuando el medio lo requería y personal cuando he disfrutado de libertad absoluta para fabular. Incluye un capítulo muy bueno sobre cómo empecé a hacer pan, comprando la levadura en El Fontán, y he de empezar por ahí como homenaje a la mejor pastilla que tomé durante mi depresión. Pero también porque casi todos los libros de cocina —o sea, sus grandes relatos— señalan el pan como alimento fundamental y origen de nuestra dieta inteligente: «Cuando nuestros antepasados empezaron a trabajar con plantas comestibles, se concentraron en recoger y posteriormente plantar las semillas más grandes y accesibles, ya que la semilla es la parte de la planta que contienen más energía, y la única que puede digerir un animal con un solo estómago», cuenta Michael Pollan en *Cocinar*. «Hay algo primordial en fermentar una masa de pan, formarla con tus manos y esperar que se cueza. Es inexplicable», ahonda Ibán Yarza en su manual *Pan casero*.

La primera vez que hice pan, bastante antes de mi Gran Trastorno, supe que tenía que hacerlo. Como cuando sabes que ha llegado la hora de cambiar de trabajo, de leerte *El Quijote* o de hacer el amor en otra habitación: lo sabes y punto. Para mi receta primigenia acudí al primer libro de Jamie Oliver, *La cocina de Jamie Oliver*, a quien amo como a un hermano mayor. Años después llegaron Ibán Yarza y

Dan Lepard, dos maestros paneros con los que también he fraguado una importante fraternidad, y Pollan, cuyo canto al amasado y al horneado te hace olvidar lo tremendo que suena su apellido en castellano:

«Me encanta sentir el tacto de la masa entre mis manos, la forma en que, después de amasarla tres o cuatro veces, esa pasta inerte y pegajosa empieza a compactarse y a volverse gradualmente más elástica, como si estuviese formada por tendones y músculos. Me encanta (y me asusta) cuando llega el momento de la verdad y abro la puerta del horno para ver cuánto *ha crecido* (si es que lo ha hecho) la hogaza de pan. Y también me encanta la estática amortiguada que emite el pan al enfriarse, cuando el vapor intenso rompe la corteza al escapar, inundando la cocina de ese aroma incomparable».

Pero el día que cociné mi primera barra no conocía a Pollan ni su poesía, solo contaba con la asistencia técnica de Jamie Oliver, junto con mi antológica incapacidad para llevar a buen puerto cualquier tarea manual sin dañarme. Unas tortuosas horas después de mi debut, el resultado de mi aventura descansaba sobre la mesa de la cocina. Tenía un sabor realmente bueno, perfectamente ajustado de sal y con un tostado rústico atractivo. La veías y te decías: «¡Coño, qué barra más maja y apetitosa, sí señor! ¡Sería una gran barra si no necesitaras las dos manos para levantarla!».

Porque a lo largo del proceso cometí uno, o quizá dos, o media docenilla de pequeños errores.

Antes de comenzar, despejé la encimera. Pero no la despejé del todo, como más tarde pude comprobar, con dolor. Pesé las harinas, mitad normal y mitad fuerte, y les añadí la sal. Luego pesé la levadura, y la mezclé con la mitad del agua necesaria.

Entonces hice una montaña con las harinas y escarbé en el centro un agujero, donde debía volcar el agua de levadura y mezclar, removiendo despacio, según las instrucciones de mi querido Jamie.

Nada más volcar el agua en el agujero salió disparada por debajo de la harina, filtrándose en todas las direcciones imaginables, como si existiera un circuito subterráneo del que nadie me había avisado. «¡Ay, ay madre!». Intenté recoger el agua que se fugaba hundiendo y moviendo deprisa la montaña, en una rápida reacción propia de un jugador de ping-pong con reflejos orientales.

Una parte indeterminada del agua acabó en el suelo. Otra, en mi pantalón, pues traté de frenarla con la cadera cuando la vi precipitándose fuera de la encimera —¿para qué hice eso?, ¿qué pensaba conseguir? ¿Escurrir luego el pantalón?—. Para más Inri, la harina dispuesta inicialmente en la montaña, al ser golpeada con excesiva fuerza, barnizó la tostadora —que no había retirado de la encimera— y la caja grande de las especias —tampoco—, además de media vitrocerámica. Y mi cara.

Respiré, intenté calmarme.

Hice lo que pude por reagrupar aquel desaguisado en algo parecido a *una colina*. Porque todavía tenía que echar el resto del agua, siguiendo el mismo proceso de esculpir un volcán y rellenarlo.

Con el resto del agua sucedió, más o menos, lo mismo. Creo que tengo una incapacidad congénita para hacer agujeros. He de preguntarle a mis padres cómo me comportaba en la playa de pequeño, si solo me dejaban el rastrillo y me quitaban la pala para que no me ahogara o me enterrara vivo.

Después de aquel segundo Vesubio me encontré con una masa a medio formar y con un montón de restos pompeyanos sembrados por doquier, que fui recogiendo con las manos. Pero mis manos estaban a su vez escayoladas de masa, y de la que cogía caca, plantaba caca. Fueron minutos en los que rocé la desesperación, y en los que el tarro de los artilugios metálicos, el de las cucharas de madera y el soporte de los cuchillos recibieron, completamente gratis, nuevos adornos artesanos en forma de irregulares bolicas, churretones y escupitajos pegados por toda, toda y toda su superficie. Jackson Pollock se descojonaba abrazado a Marcel Duchamp en el Más Allá.

Casi llorando, pedí ayuda a gritos. Desde otra habitación de la casa, Patricio, mi mejor amigo, un hombre gay atrapado en las indignaciones de una señora sueca, vino en mi auxilio. Al entrar en la cocina, gritó:

—¿Pero qué coño has hecho? ¡La que has liao, *surnormal!* —etcétera.

Recibí varios golpes, de los que no pude defenderme por tener las manos emplastadas en la masa, a la que, más que procesar, sujetaba con miedo, porque a esas alturas ya le atribuía vida. ¿Qué clase de demonio inventó la harina? ¿Cómo puede ser más inestable que un electrón? ¿Cómo puede descubrir y adosarse a rincones de tu cocina que ni siquiera tú sabías que existían? Mi socorrista me despejó del todo la encimera y limpió los tarros, la tostadora y los cuchillos, sin dejar de insultarme en ningún momento. Cabizbajo, decidí al menos acabar lo que tan desastrosamente había empezado.

Y entonces descubrí el verdadero placer. Porque amasar pan divierte que no veas, es mucho más agradable en las manos que la masa para la pasta doméstica —para los espaguetis—, porque la masa del pan, con esa humedad del agua, te deja un tacto más terso y fresco, como de tetilla de moza al salir de la piscina. Así se lo transmití a la loca de Patricio, a fin de recomponer de paso su trastocado humor.

Al escuchar la analogía, me atizó tal colleja que se me clavó la nariz en la masa.

—¡¿Cómo puedes ser tan cerdo?! —etcétera.

—No sé, es una metáfora, yo no le veo tanto escándalo. Si lo piensas, así adquiere más sentido la expresión *pasárselo teta*.

Fui nuevamente golpeado.

Cuando la masa ya estaba terminada, y como último e inolvidable remate a una actuación delirante, abrí un armario superior para coger un plato grande donde dejarla reposar. De nuevo olvidé que mis manos eran manoplas de harina y agua, y de nuevo manché de un modo inexplicable y apocalíptico. En este caso, toda la maldita pila de platos. Y por el canto, de tal forma que el cemento blanco se introdujo poco, pero en todos y cada uno de ellos.

No debería confesarlo, pero al descubrirlo me golpeé a mí mismo con odio.

Igual fue ese golpe el que me hizo olvidar luego, cuando la masa reposó, levó y duplicó su volumen, que con semejante tamaño podía hacer dos, si no tres barras. O quizá fuera que le había cogido cariño e, inconscientemente, ni me planteara maltratar más a mi criatura. O quizá estaba agotado de tanta destrucción. El caso es que solo formé una barra potencial, que dentro del horno se tornó descomunal. Al sacarla tras una hora, si la cogías, pensabas que era un adorno de loza. Pesaba la de dios y para cortarla necesitabas un hacha. Pero estaba muy rica, estaba buenísima. Estaba *tetica*.

De aquella experiencia tan sensual concluí que cocinar —al menos en mi caso— te convierte en una bestia. De alguna forma, la Naturaleza te devuelve al lugar en donde tus ancestros se irguieron para otear bien el horizonte. Usas las manos, tocas objetos orgánicos. Sientes el frío y el calor. Te mueves entre humos. Y con unas habilidades similares a las de un Cromañón, consigues un resultado plausible: mi primera barra superaba en sabor a cualquiera de las que comprábamos en los supermercados envueltas en plástico por 40 o

50 céntimos, como también a las barras precocidas que recalientan en sus pequeños hornos las franquicias pijas de la nueva panadería, esa burbuja de tiendas cucas, cual sucursales de Hänsel y Gretel, tan en boga.

Junto con el amasado, otro de los placeres que descubrí cuando empecé a guisar fue el despiece de animales. Comprar un pollo entero, sacarle las pechugas, descoyuntar los muslos, los contramuslos y las alas aprovechando el giro de sus articulaciones, y despejar el lánguido esqueleto para preparar un caldo. Este aprendizaje —que me ha costado mucha sangre— ha sido un acto regresivo, innecesario como cliente y que además he desarrollado por burda imitación mientras me fijaba haciendo cola en los mercados. Desde pequeño me hipnotiza ver trabajar a un carnicero o a un buen pescadero: sus movimientos precisos con cuchillos descomunales, el riesgo de presenciar un accidente en directo, el brillo de las carnes recién seccionadas, y el tacto, casi telepático, que transmite su soltura al manejar el género.

Semejante espectáculo circense y primitivo es el que llevo años plagiando en casa con gran felicidad, con felicidad bestial. Con el tiempo he añadido otros comportamientos cavernícolas: huelo todo con profundidad de rata, muerdo las verduras en crudo antes de arrojarlas a la cazuela, pruebo cualquier plato en sus distintos estadios, me corto, me quemo, me exalto con el mortero, canto mientras controlo el sofrito, aliño las ensaladas con las manos y con ellas giro los mariscos, filetes o cualesquiera ingredientes cuando los cocino a la plancha. Porque en la cocina le pierdes miedo a meter la pata, es un espacio blanco para el error. Y esa cualidad, en esta sociedad intolerante con los fallos que nos obliga a una constante actualización de nuestras habilidades —a mantenernos más guapos, listos y modernos; más profesionales— supone un inmenso bálsamo para quienes carecemos de talentos reseñables. Para la gente común, vaya. En la cocina te liberas del miedo a equivocarte, aprendes a convivir con el error y el caos. Excepto si eres un tiquismiquis crónico, caso del mencionado Julian Barnes:

«En la cocina soy un perfeccionista inquieto. Me guío por la temperatura del fuego y los tiempos de cocción. Confío más en los instrumentos que en mí mismo. Dudo de que alguna vez llegue a palpar con el índice un pedazo de carne para comprobar si está hecho. La única libertad que me tomo con una receta es aumentar la cantidad de un ingrediente que me gusta particularmente. Esto no es un precepto infalible, como lo confirma un plato sumamente asqueroso que guisé una vez mezclando caballa, Martini y migas de pan: los invitados acabaron más borrachos que saciados».

Pero incluso Barnes, uno de los novelistas más colosales de nuestro tiempo, ha encontrado en los fogones una afición tan fundamental —«un placer tenso»— que le ha propiciado un libro de liberación: *El perfeccionista en la cocina*. Un libro delicioso y completamente hilarante, pues dedica sus páginas a reírse de sí mismo. La cocina, de nuevo, como relato.

Lo mejor de cocinar, no obstante, es que cuando sacas tu cuento del horno te comes lo cocinado. A ser posible, en compañía de esa gente a la que guardas tus mayores afectos, para cuyo deleite te has aplicado previamente ante el fuego, enfrentándote a tus limitaciones y arriesgando incluso tu salud. Tal cual hizo Jesucristo, quien antes de ser crucificado se llevó a los amigos al huerto y les despachó como despedida vino sin ton ni son. Vino con pan, por supuesto.

No en vano, durante milenios nos hemos alimentado de mendrugos. El pan contiene suficiente nutrientes para mantenernos en pie. También precisa de un simple proceso químico para nacer, lo que facilita su elaboración en cualquier casa por un coste mínimo. Harina, agua, sal, levadura y calor: ya está. Como a todo proceso químico, el hombre le ha otorgado poderes mágicos mientras no lo ha entendido, ha creído ver magia en esa carambola de la naturaleza, así que el pan ha permanecido durante milenios como un símbolo religioso, como una fábula de nuestra presunta condición trascendental. Ha sido la parábola de Hänsel y Gretel para los pobres mientras no han podido empacharse de dulces.

Hemos bendecido el pan nuestro de cada día hasta que ya no lo hemos necesitado, hasta que el progreso —es decir, la imaginación aplicada a la ciencia en lugar de al mito— nos ha proporcionado otros alimentos baratos y suficientes que lo han acabado por arrinconar. Los curas lo han cambiado por obleas y los laicos hemos prescindido de él en nuestra mesa. Porque el pan ha sido también uno de los primeros alimentos precocinados, aquellos que nos han alejado de los fogones y que nos han acostumbrado a nuevos hábitos. El pan de molde no requiere ningún trabajo para su consumo o mantenimiento. Ni siquiera cortarlo.

Quizá por estas humildades, el pan ha tardado tanto en incorporarse a la moda de la gastronomía, una corriente en apariencia contradictoria con nuestra sociedad de comida procesada. Durante las dos últimas décadas, España ha chiflado con la cocina del espectáculo, entendida como pose y distinción, pero la afición por el pan no se ha abierto camino en esa maraña de egochefs y comensales tuiteros, de tiendas gourmet, catas de vinos y programas de televisión con críos, hasta que nos ha sacudido la recesión económica. Al igual que el mercado tradicional, el pan ha permanecido marginado durante los años ricos como un vestigio del mundo antiguo, superado por la industrialización, las boutiques y por la vida en tendencia. Cocinar pan nos ha parecido un esfuerzo demasiado peregrino a los cocinillas domésticos y a los comensales listillos, los que queríamos fardar de conocimientos y habilidades delante de nuestros invitados.

Y sin embargo, hacer tu propio pan es una revelación, un milagro, quizá la síntesis de la cocina. Entre su miga y su corteza, el pan concentra lo poco que necesitamos para disfrutar y lo mucho que dependemos del azar. Un día demasiado caluroso o demasiado frío puede arruinarte la lozanía de una hogaza. Un despiste con la sal romperá ese equilibrio necesario para que una pasta húmeda se solidifique en una deliciosa barra, tierna y crujiente. Una torpeza congénita —como la mía— convertirá tus armarios en un Museo de Arte Contemporáneo.

Cuando yo era pequeño ya nadie cocinaba el pan en casa. La industrialización nos había librado de esa tarea, ingrata como obligación doméstica y felizmente desaparecida junto a tantas otras esclavitudes que hoy realizan para nosotros empresas o artefactos. Hace 47 años se compraba el pan en las panaderías y se guardaba en la panera, ese cajón extraño de tapa aguillotinada sembrado normalmente de migas, coscurros duros y hasta objetos insospechables. «Ay mamaíta mía, dime dónde está el peine. / Hijo, ¿dónde va a estar? / En el cajón del pan», cantaban Pata Negra en *El blues de los niños*, de 1981. La leche fresca que se vendía en bolsa, y que se encajaba en una suerte de jarra de plástico que yo era incapaz de volcar sin que se liase parda, estaba a punto de desaparecer bajo el inminente imperio del Tetra Brick. También aquella yogurtera roja que mi madre arrinconó en el mismo fondo de armario donde había enterrado el molinillo de café, y donde en breve, cuando apareció el microondas, acabarían sus días los pequeños cazos que utilizaba para recalentar al fuego de gas. Pocos años después, ese cajón fue definitivamente desalojado para apilar, en un tetris imposible, los *tuperwares*.

Entre los años setenta y los dosmil, las cocinas del mundo occidental, y del español mayormente, se transformaron de cabo a rabo. Poco a poco prescindimos de los alimentos frescos en beneficio de los precocinados, y lo mismo con los utensilios que hasta entonces habíamos utilizado para preparar la comida. Se produjo una revolución tanto en la industria alimentaria como en los aparatos necesarios para que sus nuevos productos —más duraderos, higiénicos y cómodos— tuvieran éxito: «Quien disponga de un robot de cocina no necesitará especial destreza en el manejo del cuchillo; los hornos eléctricos, los de gas y los microondas implican que no haga falta saber cómo encender un fuego y mantener viva la llama. Hasta hace unos cien años, el control del fuego era una de las principales actividades humanas», recuerda la crítica gastronómica norteamericana Bee Wilson en *La importancia del tenedor*.

Pero los ciudadanos-comensales no fuimos conscientes del alcance de aquella revolución, inimaginable para nuestros abuelos hace cien años, porque sucedió a una velocidad de vértigo, a la misma velocidad que nos atacan hoy los *tuperwares* suicidas cada vez que abrimos su armario atestado. Los españoles no dábamos abasto para tanto invento, ocupados como estábamos en reordenar nuestras alacenas y en probar cada reluciente aparato que cogíamos de la tienda de electrodomésticos: del microondas pasamos a la vitrocerámica, la inducción y la Thermomix, sin apenas tiempo para leer los manuales de instrucción. Cuando ahora me topo con un cajón congelador de aquellos frigoríficos antiguos entiendo por qué, entre mis quehaceres infantiles cotidianos, se incluía bajar a la compra: en esos minúsculos espacios era imposible acumular pescados, croquetas o carnes congeladas, o siquiera más de una hielera con cubitos de hielo ultrasolidificados que no había forma humana de extraer si no era a golpes salvajes bajo el agua del fregadero. En esos cubículos de los viejos frigoríficos no cabía ni una pizza. Porque entonces no existían pizzas.

En 1981, con diez años de edad y aun viviendo en una ciudad amplia como Zaragoza, yo no había probado la pizza ni el queso mozzarella. O la rúcula, el foie, la salsa de soja, los jalapeños, el sushi, las algas, el hinojo o el secreto ibérico. En casa comía garbanzos y lentejas a cascoporro, carne guisada, muchas sopas, merluza a la romana, puré de patatas, gallos y ensaladas de lechuga con tomate y cebolla. Cenaba tortillas, criadillas, huevos fritos, acelgas con patatas y alcachofas con jamón. Desayunaba leche con Cola Cao y magdalenas. Mis bocatas del recreo eran de fuagrás, de chorizo, de sardinas. El día que había suerte caía un Tigretón, o una palmera de chocolate, y mis hermanas y yo nos abrazábamos entre lágrimas como si se nos hubiese aparecido la Virgen rediviva. Del aceite de oliva se decía que empeoraba el colesterol, y además era muy caro. Mi padre guardaba los «vinos buenos», los que le regalaban, en un botellero de madera para descorcharlos cuando «vinieran invitados a cenar». Cuando bajaba al economato, me llevaba en una bolsa los cascos de las botellas y botellines vacíos para devolverlos en el colmado y que me descontasen el dinero correspondiente a cada envase. Reciclábamos el monedero, nadie sabía qué coño era el medio ambiente. O que existía un quinto sabor llamado umami.

En 2001, cuando cumplí treinta años, apenas quedaban colmados en los barrios, los restaurantes japoneses empezaban a sustituir a los chinos y no encontrabas criadillas —esto es, testículos— en ninguna carnicería. La compra familiar se realizaba una vez por semana, e incluso una vez al mes, en enormes supermercados que ahora se llamaban, lógicamente, hipermercados: habían triplicado su tamaño, como los frigoríficos domésticos la capacidad de su congelador. Los pollos, conejos, cerdos, pavos y terneros se vendían troceados y envasados —y hasta rebozados— en bandejas de poliespán; ya no se pedía en el mostrador «cuarto y mitad» de nada. El pescado llegaba manufacturado en barritas, palitos y gulas; nadie desalaba el bacalao durante dos días como quien guarda vigilia por un familiar. Yogures con superpoderes, bebidas azucaradas, *snacks* y dulces histriónicos, sopas y salsas deshidratadas, guisos listos para calentar, salchichas, hamburguesas y pizzas habían atiborrado nuestras despensas. Las paneras habían desaparecido. La base de nuestra alimentación había pasado de la barra a las chucherías, aunque todos usábamos el aceite de oliva —virgen extra— como icono de nuestra vanagloriada «dieta mediterránea». La comida se había convertido en un entretenimiento.

Y en los restaurantes, ni te cuento. Si durante mi infancia acudir a un restaurante era un hecho excepcional (al menos en mi familia), en 2001 se había convertido en uno de tantos caprichos cotidianos, cada vez más sofisticados gracias a la tecnología y al comercio global.

A mi ignorante universo culinario llegó primero el foie, el sacrosanto hígado de pato, que por cierto proviene de uno de los mayores salvajismos que se hayan pensado nunca para un animal. Si un restaurante quería mostrarse moderno y exquisito, había de colocar como fuere un filete de foie a la plancha en algún momento del menú, bien fuera solo, guarnecido por frutas tropicales o coronando un solomillo de ternera como si se tratase de un príncipe cabalgando a lomos de un rey. Cuanto más gorda la rodaja, más pudiente se sentía el comensal. Cuanto más cruda, más gourmand. Brigitte Bardot se tiraba de los pelos. Para sacarle mejor rendimiento al foie y además conservarlo, aparecieron los micuits caseros, que nos resultaban tremendamente llamativos en un país que a principios de los noventa todavía no se aclaraba con la diferencia entre el micuit, el foie gras y el bocata de La Piara. En España, a todo lo que se untaba en pan lo llamábamos fuagrás.

Al hígado atrofiado le siguieron las gelatinas, locos como estaban todos los cocineros con la capacidad espesante del agar-agar, con su suavidad frente a las harinas y con su neutralidad frente a las invasivas natas. Pero gelatinas en pequeños dados, ojo, nada de aquellos áspics horteras de los años setenta que tanto le gustaban a Salvador Dalí para sacarse fotos barrocas haciendo el bobo. El Bulli comercializó el sifón de nitrógeno, uno de sus primeros inventos, y sus etéreas espumas remataron a las gelatinas, espumas servidas como nubes, pues lo mismo permitían licuar unas tristes acelgas hasta esponjarlas en algo hermoso que mejorar un dulce con la pompa de una nube de algodón. Empezaba la magia de las texturas y la decoración, el desconcierto en las bocas, las flores comestibles, el elemento crujiente imperativo (la pasta filo, qué hallazgo) y el brochazo de pintor en el plato para presentar cualquier salsa o aliño. «Va a comer usted un *Foie bajando las escaleras sobre fondo vaporoso de hongos*, de nuestra exposición monográfica de 1996».

En esta nueva escuela de pintura encajaron de maravilla los aceites verdes para aliñar, infusionando perejiles o albahacas en el jugo de la oliva y triturándolas hasta lograr una pasta clorofílica refulgente, cargada de aromas y densa. Pero amén de pintarrajear los platos había que contrastar texturas, y a los aceites les siguieron las arenas como guarnición contrapuesta, arenas resultantes de la deshidratación de carnes, pescados o champiñones que se fueron adelgazando a su vez en el fondo del plato hasta convertirse en polvo; en polvo de setas, polvo de chocolate, polvo de rodaballo, polvo de estrellas, claro. Porque no es lo mismo un polvo de queso que un queso en polvo, por supuesto.

De entre todas las setas, los nuevos chefs se enamoraron con fruición de la boletus, que casualmente era la más cara, o que aumentó descabelladamente su precio a causa de ese idilio nacional. Las lujuriosas láminas de boletus se soltaban sin parar sobre esas negras bandejas de pizarra que ahora empezaban a sustituir a los platos, y que dejaban sin uñas a tantos y tantos camareros al retirar el servicio. Boletus a la plancha, boletus en sopas, en salsas, en croquetas... ¿De dónde salen tantos boletus, por dios bendito?

Aparte de camareros, los restaurantes laureados añadían decenas de becarios conforme aumentaba su fama y se alargaban sus menús, convirtiendo las partidas de cocina en pequeños ejércitos especializados. Los pinches que salían de las escuelas de hostelería se pasaban sus primeros años entre tareas ingratas, como manipular a los peces y al marisco con pericia de cirujano. El salmonete, por ejemplo, se puso de moda servido con sus lomos desespinados y acompañado por su jugo, resultado de aprovechar los esqueletos hasta sintetizarlos en la esencia del pez. Nada de consomés: era la hora de transformar el mar en zumo. En general, al pescado se le empezó a ofrecer el respeto que merecía en un país donde siempre lo habíamos servido normalmente entero —con su cabeza, su cola y unas patatas panadera— y normalmente pasado de horno —bien tieso, para matar gérmenes y escrúpulos—. La nueva cocina nos acostumbró a los troncos y lomos marcados a la plancha y rematados en el horno o en la salamandra, pero respetando la ternura de su interior. Las pieles fueron fritas aparte cual cortezas de cerdo. El marisco fue igualmente desmenuzado y esenciado, acomodado en formas fáciles de comer y combinado con la misma audacia que por siglos ha requerido capturarlo. Bombones de oricios con trufa, qué placer. Todavía se me estremecen las ingles recordando la gula que me encendieron la primera vez que los probé en Asturias.

Tras los peces, hubo que incorporar a las humildes verduras a la sofisticación. Primero se trituraron en cremitas servidas como anticipo del espectáculo, como sorbete de recepción al posterior desfile de viandas, que ya eran anunciadas en la carta con tres líneas de descripción y una solemne explicación del *maître*. En una segunda conquista, se presentaron como guarniciones breves y finas, abandonado progresivamente la costumbre de hervir judías verdes y alcachofas hasta la extenuación, y procurando dejarlas al dente con escaldados que encendían sus colores y confitados que concentraban su sabor. Finalmente, las plantas se ganaron sus propias pizarras en estos desfiles de bocados, consiguieron su cuota merecida en la factura de cien euros.

La cesta nacional, no obstante, disponía de unas posibilidades limitadas para sorprender al comensal, así que los cocineros aprovecharon la liberalización de mercados y la interconexión global para viajar e importar a precios razonables nuevos ingredientes que dejaran al cliente estupefacto. Llegaron los ceviches, el cilantro, el chile, las gyozas.

Y así pasamos, en un pispás, en apenas tres décadas, del cuenco de barro con migas y tocino, a la gelificación y la cocina al vacío. España se llenó de gourmets, de trampantojos y de algún que otro crítico pontificando sobre lo bonito que es el humo. Porque en muchos platos, literalmente, se insuflaba humo.

Los comensales vulgares nos acomplejamos ante tamaños milagros. Con 30 años, yo andaba tan perdido en aquella bruma de modernidad hostelera de los restaurantes Michelin como cuando, de crío, con 10 años, intentaba calcular cuántas patatas se han utilizado para elaborar cada bolsa de patatas fritas que abría. Aquella profunda duda infantil me regresaba cada fin de semana con el vermú familiar que preparaba mi padre y que inevitablemente presidía —y sigue presidiendo—

un gran cuenco rebosante de patatas fritas. Hipnotizado por aquel misterio fabril, cogía patatas fritas de un tamaño similar y las alineaba con las manos, en un absurdo intento por recomponer el puzle del tubérculo original. Mi padre, que se había gastado un dineral en la óptica para proporcionarme las gafas de culo de botella que gastaba yo, al descubrirme en esa estampa de aplastante inteligencia infantil, capaz de cuestionar por sí sola toda la Educación General Básica y tan alarmantemente parecida a la alfarería loca que practicaba el protagonista de *Encuentros en la tercera fase* para vaticinar dónde iban a aterrizar los extraterrestres, solía dispensarme sin pestañear un tremendo collejón. Desproporcionado, sí, pero comprensible. Quizá lo hacía con el ánimo de reiniciarme, como quien sacude un electrodoméstico encallado con esa sabiduría popular tan absurda y propia de quienes no se han leído en su vida un manual de instrucciones. El sopapo parental, no obstante, nunca me alejó de mi búsqueda tubérculo-espacial. Por eso, cuando nadie me ve, sigo juntando patatas fritas. Por eso traslado siempre al *maître* las abundantes dudas que me surgen ante lo que me está declamando. Por eso, también, he acabado escribiendo de comida en diversos medios y formatos. Lo contaría solo en Facebook, pero no es lo mismo. Necesito un relato más amplio.

Curiosamente, esa transformación alimentaria fundamental que vivieron las despensas y los restaurantes de España a finales del siglo XX, y que actualmente ha llegado al paroxismo, es comparable por trascendencia a la que posteriormente, a partir del 2000, provocarían internet y las redes sociales. Los dos fenómenos comparten aparentes paradojas. Hoy los pobres están gordos, de la misma forma que muchos humanoides inadaptados se hinchan de amigos y *followers* en Facebook o en Instagram. Comemos toda suerte de alimentos industriales, tumbados en el sofá y hasta el hartazgo, de igual forma que nos relacionamos masivamente con seres humanos de todo el mundo desde el pequeño encapsulamiento de nuestro teléfono móvil. En general, los adultos comemos muchos más productos que cuando éramos pequeños, y delegamos la satisfacción de la cocina en empresas o en restaurantes, que tan pronto nos tratan de fábula como nos tangan. Es la fortuna de haber nacido en una época con infinitas posibilidades, donde cualquier imaginación —y cualquier trampa— es susceptible de convertirse en realidad. Pero, a causa de la complejidad de dichas ingenierías, también desconocemos cómo se fabrica, de dónde viene o qué compone casi todo lo que ingerimos. Como ignoramos quién hay detrás de nuestros innumerables contactos en la red, o cómo se utilizan nuestros datos personales y bancarios cuando nos registramos en un ciberlugar. Probablemente antes nos conducíamos con la misma inconsciencia por la vida, solo que el mundo no era tan desmesurado ni eléctrico.

En *Cooked*, la serie de Netflix que adapta su fantástico libro, Michael Pollan subraya que a lo largo de las últimas décadas hemos perdido «el contacto con la comida». El camino desde la siembra hasta la mesa se ha bifurcado en tantos afluentes que hemos perdido la pista de qué es exactamente lo que estamos comiendo cuando abrimos una caja de croquetas congeladas, cuando compramos un pollo sospechosamente amarillo o cuando nos sirven una arena de boletus. «¿Me pasas la tosta de tsunami?», me pidió impasible uno de mis cuñados hace unos días en un bar mientras me señalaba un montadito de surimi al ajillo que caía a mi derecha. Casi falleció el bar entero de tanta risa.

Comemos con fruición, sí, pero nos hemos quedado sin un relato que explique nuestras costumbres, gustos y comportamientos. Hace cien años el relato era muy sencillo: la mayor parte de la gente solo comía pan porque no había nada más. No cabía más reflexión con la alimentación que la pura supervivencia, *apetito* era sinónimo de *hambre* para tres cuartas partes de la población. Hoy, por el contrario, podemos elegir, lo cual ha multiplicado nuestros apetitos. Nos podemos permitir incluso el lujo de preocuparnos por nuestra salud física y ponernos a dieta, esto es, de restringirnos determinados alimentos, de restringirnos apetencias. En general, nuestras comidas transcurren igual que nuestras conversaciones: muy rápidas, variadas y divertidas. Fugaces y sin cesar. A dos carrillos. ¿Qué poco dura el deleite de unas palomitas de microondas, verdad? Desaparece casi tan rápido como el propio bol, como la satisfacción de obtener un *like*. Lo ves, y ya estás esperando que llegue otro. Otra palomita que lanzarte a la boca.

Paremos. Detengámonos. Sin un relato, la cocina —o las redes sociales, o el amor, o el trabajo— se reducen a una absurda sucesión de accidentes. Necesitamos ordenar nuestra vida para conferirle sentido al final. Además, el momento lo merece, y el asunto que tenemos entre manos suele ser ignorado en nuestras narraciones colectivas: «Las historias tradicionales sobre tecnología e invención no hacen demasiado caso a la comida, y tienden a concentrarse en los imponentes avances industriales y militares: ruedas y buques, pólvora y telégrafos, aviones y radios. Si se menciona la comida, suele ser en el contexto de la agricultura, más que en el ámbito doméstico de la cocina», apunta la experta Bee Wilson para subrayar la importancia del tenedor en la civilización humana.

En tan solo medio siglo, España ha perdido su condición agrícola y se ha convertido en un país irreconocible ante el mantel. De hecho, ni siquiera usamos en casa el mantel, esa sábana de tela para vestir las mesas que solo conservan los restaurantes de copetín. No tenemos tiempo ni ganas para lavarlos, no suelen merecernos la pena. Mejor uno de esos rectángulos decorados de Ikea fácilmente renovables. O salgamos a cenar, aprovechando que mientras todo lo anterior sucedía, mientras en las casas nos acostumbrábamos a comer tumbados para pasar el rato, olvidándonos entre *snacks* y redes sociales de la insoportable levedad del ser, España se ha alzado como uno de los países con mejor oferta hostelera y vinícola del mundo. Coge un vuelo barato y constata lo difícil que es reservar mesa tan bien y barato en los restaurantes de Londres, Berlín o Roma.

Pero entonces, ¿comemos peor o mejor que cuando yo era crío? ¿Comemos mal los españoles, aunque la gastronomía esté de moda? ¿Por qué nos sentimos culpables en el sofá y magníficos en los restaurantes? ¿Esta revolución ha sido para bien o para mal? ¿Nos ha superado el tsunami de surimi?

En definitiva: ¿quién construye hoy en día el relato de la gastronomía?

Una respuesta rápida a esa pregunta sería *Los gastrónomos*. Si existieran. El problema es que en España no abundan los tipos como Michael Pollan.

Aquellos a quienes identificamos como gastrónomos casi nunca opinan o reflexionan sobre nuestra alimentación, sobre las cosas que realmente comemos. Se centran en el espectáculo, alentando una nueva religión que se nutre de sus propios dogmas, templos y endiosamientos, y que divide a los comensales en entendidos —o sea, los fieles— y en salvajes —los demás, los incoherentes—. Los gastrónomos son capaces de vendernos a la vez la salud y el arte, la tradición y la vanguardia. Venden la vida y la muerte, como siempre han hecho los sacerdotes, solo que a sus liturgias contemporáneas las llaman *experiencias*; o mejor dicho, *#experiencias*. Es la comunión del *hashtag* de mi querido Gastromonguer.

Pero yo no digo amén a esa almohadilla elitista, porque no nos sirve a los torpes. Si la cocina me ha enseñado a no avergonzarme nunca de lo que me gusta y a celebrar mis errores, si hasta me ha curado de mis peores demonios, no puedo tolerar que alguien venga a decirme qué es comer bien y qué no. Y tú tampoco, querido amigo. Aunque nunca hayas cocinado en tu casa una barra de dos toneladas.

Hemos de perderle otra vez el respeto a los sacerdotes, como se lo perdimos después de Franco para ganar el progreso. Y para ello necesitamos un relato que integre las abundantes formas que, precisamente gracias a la civilización y la democracia, ha adquirido nuestra alimentación. Un relato que aúne todas las historias: el mercado con el hipermercado; la pereza del tresillo, con el aire fresco de una granja; el placer de hornear tus hogazas, con el derecho a comprar chocolatinas en el Lidl; los debates de Twitter sobre la Guía Michelin, con los recetarios del siglo XIX. Y ya de paso, que derribe mitos como el vino de Rioja, el arte de los egochefs o la malignidad de las hamburguesas. Que aplauda las ventajas de la comida industrial, que respete la salud como una decisión privada y que recuerde que España es un país donde el entendido, en cualquier ámbito, no es el más cultivado, sino el que acusa con más fuerza a los demás de ser unos ignorantes. Necesitamos un relato que nos devuelva a los comensales, al público incongruente, la soberanía de nuestros estómagos.

Necesitamos, en definitiva, derribar la puta gastronomía que nos han vendido.

Tal es el propósito de este libro. Que por supuesto, también es un cuento.

La cofradía de la mantequilla negra

Una vez estuve viviendo en una ciudad extraña a la que el viento parecía darle de lado, trastornando a la gente, y donde un amigo repentino me descubrió, durante una noche de copas, un restaurante clandestino que se ocultaba dentro de otro restaurante menor, como un gigante de cuento que jugara a esconderse en el tronco de un árbol.

Era aquel restaurante (y supongo que sigue siendo) mucho más grande que el local principal que le servía de cobertura, al parecer un simple despacho de pizzas congeladas y de otras comidas rápidas. Digo al parecer porque, para participar de aquella organización oscura, mi amigo me exigió que aceptara llegar al lugar con los ojos vendados. Así que solo pude oler la entrada al establecimiento. Me descubrieron la cara cuando ya estaba en un pasillo, frente a una puerta estrecha, encajada junto a las dos habituales para los aseos y donde se leía un cartel de Privado similar al de cualquier otro negocio. Nada sospechoso, o fácil de localizar, pues.

Al franquear la puerta descubrías un inmenso salón interior alumbrado por una araña antiquísima y ocupado por una mesa única de roble, solemne, larguísima, en cuyos laterales se podían sentar a codos estirados decenas de comensales. La coronaba un descomunal cuadro colgado sobre la cabecera presidencial donde se dibujaban, cruzados, una varilla de cocina y un cuchillo cebollero, y bajo ellos, dispuesto en horizontal, lo que identifiqué como un sacacorchos. Sobre la mesa, candelabros de siete brazos, copas abigarradas, cubiertos de plata, flores, servilletas bordadas.

Mientras nos sentábamos, solos aún en aquella estancia inquietante, mi amigo el iniciador me explicó en voz baja que se trataba de la sede de una logia gastronómica que entendía la comida como el único placer superior capaz de asomar lo mejor de cada hombre o mujer. La lujuria puede descoyuntar el alma en mayor medida con su ardor puntual, en efecto, pero a menudo acaba gobernada por el egoísmo. La música, el arte o la lectura, aun proporcionando alturas incomparables, se disfrutan de normal en solitario, y además constituyen trampas placenteras que te acercan al misterio, pero que luego se escapan dejándote en ascuas, a punto de entenderte a ti mismo y al mundo. Un cuadro, un párrafo o una canción hermosa pueden emocionarte hasta el tuétano y sugerirte una verdad trascendente, pero esa certeza acariciada se esfumará de regreso a tu garganta cuando intentes verbalizarla, como le sucedería a un mensajero enmudecido por un hechizo. En cambio, la comida, no. En ese sentido, es completa. Desata el razonamiento sin pretensiones, acerca a quienes comparten mantel, abre los poros del entendimiento y ensancha, si no el mundo, sí al menos el espacio de alrededor.

Así se expresaba mi amigo, como se ve bastante moñas, amante de Proust y de Voltaire, de esos que se acostarían con María Moliner aun sin saber qué pinta tenía, un alma artística, y por supuesto un cofrade de aquel conciliábulo oculto en el desván de una pizzería. Mientras él me ilustraba y yo le escuchaba, por la puerta privada iban entrando personas de todo género y condición, que tomaban asiento sin apenas hablar entre sí. De pronto, aquello estaba lleno.

Todos asistían esa noche a una de las cenas que la logia organizaba alrededor de cualesquiera argumento culinario posible, alcanzando extremos que yo —entonces en mi más florida juventud— jamás había imaginado. Festines servidos sobre los cuerpos desnudos de geishas. Catas de vinos malditos utilizados en misas negras o consagrados a las distintas formas del Mal por sectas suicidas. Menús elaborados a partir de las últimas cenas que habían pedido monstruosos asesinos en la cárcel. Celebraciones pantagruélicas donde se reproducían bacanales históricas, con animales asados en las entrañas de otros animales más grandes, que se introducían y se asaban a su vez dentro de otros cadáveres, como perdices dentro de faisanes dentro de jabalíes y dentro de novillas, servidas en camillas, y rodeadas por mil frutas junto con la cabeza intacta y las pezuñas frescas aún.

Cuando no reproducían recetas utilizando, exclusivamente, especies en extinción.

Esto me estaba desvelando mi amigo cuando el señor que había ocupado la presidencia se levantó, pidió silencio, saludó ceremonioso a todos los presentes (unos cincuenta) e informó de que esa noche contaban con un invitado (yo) que había sido llevado bajo mortaja y que había jurado guardar discreción. Muerto de miedo, asentí ante la lluvia de miradas que de golpe recibí sobre mi cara de lerdo. Entonces, el presidente anunció el menú de esa noche: Raya a la Mantequilla Negra, «un plato que requiere una habilidad de orfebre, pues un solo grado de temperatura excesivo en la salsa la convierte en tóxica, y quizá mortal. Por eso habréis de firmar antes, queridos amigos, un documento aceptando el riesgo de su ingestión», avisó.

Casi me cago al oírlo.

—¿Y lo de las geishas? —le pregunté a mi amigo.

Pero entonces, de golpe, se asomó por la puerta un tipo gordo con un gorro de cocinero mustio y con un delantal ametrallado de arriba a abajo por manchas de tomate. Sin llegar a entrar del todo en el salón, gritó:

—¡Olvidaros de la raya esa de los cojones!

—¿Por qué? —preguntó el presidente, aún de pie, con cara de marqués contrariado.

—¡Porque se me ha quemado la salsa! ¡Que cada vez que venís, pedís las chorradas más grandes!

—¿Y entonces?

—¡Pues para el que quiera me quedan unos pocos escalopes…, y quizá algo de caldo!

Y desapareció, dando un portazo.

El follón que estalló entonces en el salón fue monumental. Todo quisque empezó a protestar en voz alta, arrojando las servilletas al suelo, levantándose entre aspavientos y dirigiéndose a la salida:

—Si es que siempre igual, no hay forma, cuando no es una cosa es la otra, coño.

—Ya lo creo, esto ya empieza a ser un cachondeo. Eso que nos dieron en la cena anterior no era pez globo ni de coña, vamos. Una perca de oferta manchada con salsa de soja, eso era.

—¿Y el vino de Charles Manson? ¿Desde cuándo Charles Manson produce vino? ¿Quién se creyó eso? ¿Dónde lo hace, en el váter de la celda?

—A la supuesta geisha del mes pasado me la encontré a los pocos días en la caja del colmado de debajo de casa. No veas qué apuro.

—¿De quién fue aquella idea de asar a las codornices vivas? ¡Y a fuego lento! Te juro que aún tengo pesadillas en donde las oigo chillar.

—Debemos de ser la vergüenza de la red de cofradías.

—Yo voy a dejar de pagar la cuota.

La mayoría acabamos cenando en la pizzería. Yo, por supuesto, con los ojos vendados.

3

Por qué no respetamos a los gastrónomos

A la entrada del Mercado de El Fontán, en un puesto esquinero amplio y luminoso, dos hermanos venden decenas de quesos, yogures y mantequillas, más algunos embutidos y conservas, y leche fresca de su propias vacas en una máquina de autoservicio donde pones la botella y la rellenas por un euro. Su exuberante exposición arrebuja tantos productos en unos pocos metros cuadrados que cuesta fijar los ojos en algo concreto.

Los tenderos de este negocio desbordante poseen una explotación ganadera en La Llera, una aldea de Colunga, Asturias. Supongo que la heredaron, pues sus rubicundas caras y esa amabilidad llana que dispensan a cualquier cliente, lo conozcan o no, dándole a probar de todo, explicando cuanto despachan sin que medien preguntas, solo se pueden adquirir en el campo. Sus caras son caras de gente buena. Lo cual no significa que toda la gente de campo lo sea.

La primera vez que fui a recoger alpacas en el pueblo de mi familia, de adolescente, para sacarme unas pesetas, me presenté a primera hora en la era del agricultor que nos había reclutado en bañador y sin camiseta, pues hacía un calor del demonio. Todos me miraron con esos ojos despectivos que te taladran cuando entras en el bar de un pueblo, esos ojos como pozos, desconfiados, que se funden en uno, que se superponen en una sola amenaza tan bizca, colectiva e inefable que acongojaría al mismísimo Edgar Allan Poe. Pero nadie aquella mañana —a pesar de conocerme la mayoría de quienes allí se habían reunido con el mismo objetivo de sacarse unas perras—, tuvo a bien advertirme de que así, a pecho descubierto, iba a acabar hecho un ecce homo al poco de cargar alpacas. Porque las alpacas, como fardos con el desecho del cereal que son, lógicamente pinchan como los clavos de Cristo. Y acarrearlas, aun con el entusiasmo de un chaval insensato de 15 años, requiere un esfuerzo tal que para moverlas has de apoyártelas encima o —más razonablemente— buscarte un socio. Amén de usar guantes. No hay otra forma. No ruedan, aun cuando sean redondas. No dejan espacio entre tus brazos para alzarlas tú solo como un cajón. No atienden a razones cuando les hablas en voz baja y a punto de llorar como si negociaras con un cachorro rebelde. No hacen nada de eso. Solo son alpacas y están muy a gusto allí donde la cosechadora las ha escupido, en ese preciso sitio, sintiéndose como lápidas orgullosas del trigo que sujetaban durante el invierno y que ahora la magia del hombre se ha llevado al Más Allá.

Sé tanto de las alpacas porque aquella mañana lo intenté todo. Hasta que, a la quinta alpaca, murmuré que me iba un momento a casa a por una camiseta o un albornoz o un chaleco antibalas o un cirujano. Tenía las tetillas y la barriga en carne viva, y virutas incrustadas en lugares inverosímiles de mi cuerpo, incluido ese. Al enfilar la cuesta que conducía hasta mi casa, mi caminar se asemejaba dolorosamente al de Lina Morgan haciendo de patizamba en un vodevil. Mientras yo me sentía como aquella pobre niña huyendo por la carretera de Vietnam, el resto de la cuadrilla se reía a mandíbula batiente, apoyados en el tractor. Y también los vecinos que me veían ascender el vía crucis desde los visillos de sus ventanas; y los grajos que sobrevolaban el calor; y hasta mi abuelo materno, quien había seguido toda la comedia impertérrito pero descojonado desde la sombra de un olmo cercano al que, tras el desayuno y el paseo, se arrimaba cada mañana con su bastón para ver la vida pasar. Que es lo mejor que se puede hacer con ella, según me enseñó.

Así que, como aprendí aquel día, la gente de pueblo es básicamente gente. Los propietarios de El Campu La Llera, como se llama la mencionada explotación de Colunga y su correspondiente despacho de El Fontán, son además vivaces y afables. Supongo —de nuevo— porque son felices con su trabajo, el de la granja y el del comercio, a pesar del evidente esfuerzo al que les obliga. El horario de las vacas y el de los clientes no coincide nunca. Las vacas son más formales. Los clientes, muchos, tiquismiquis e impertinentes.

Estos dos tipos transmiten su vocación: son los últimos del mercado en cerrar el chiringuito y les gusta cuanto venden. Con su leche elaboran nata, requesón y quesos, de relamerse y además tan baratos como sus homólogos de las grandes superficies. Pero también ofrecen, con el mismo entusiasmo, quesos, mantequilla o yogures de otras pequeñas marcas de Asturias a las que pretenden apoyar. Tanto es así, que han decidido no producir algunos productos porque «no lo vamos a hacer mejor, no tiene sentido competir con quien ya lo hace bien», según me contaron un día. A Carlo Petrini se le hubieran saltado las lágrimas al escuchar aquello.

Carlo Petrini es el fundador del movimiento *Slow Food*, cuya filosofía concentra el libro *Bueno, limpio y justo. Principios de una nueva gastronomía*. Este gurú italiano propone una cadena alimentaria donde todos sus implicados, desde el agricultor y el ganadero, hasta el gran chef y el comensal delicado, propicien una gastronomía natural, sana y sostenible que impida la desaparición de productos y tradiciones, y que combata el hábito mundial por la comida industrial: por la pereza del *fast food*.

El libro de Petrini obtuvo en 2005 una repercusión mundial porque, hasta la fecha, nadie ha propuesto una revolución culinaria de semejante ambición. Disfruta de tres beneficios para su expansión: la idea mola, se comprende fácilmente sin haber leído el tocho entero y resulta inevitable comulgar con ella. Aborda además la afición popular más en boga en España desde hace dos décadas y permite a los periodistas componer una sinopsis rápida con tan solo trasladar la nota de prensa, lo cual es fundamental en este mundo eléctrico.

Sé nuevamente de qué hablo porque tras mi experiencia con las alpacas, más un par de vendimias y otras recolecciones frutícolas donde desplegué un arsenal de ineptitudes propias de Peter Sellers en *El Guateque*, finalmente estudié Periodismo. Con ese oficio me apaño la vida desde hace 20 años. Bastante bien, todo sea dicho. Al menos no sangro. Hasta he dirigido páginas web, parte de cuyo público es tiquismiquis e impertinente: en este país de mercados centrales destartalados y de periódicos en crisis, cualquier mindundi sabe más de periodismo que los periodistas, cualquier votante talibán conoce al dedillo el programa político del adversario, cualquier Gastromonguer controla más que ningún tendero de gastronomía y cualquier aficionado al fútbol alberga en su barriga cervecera un pequeño gran entrenador. Somos un país de listos, como bien entendió MediaMarkt al decidir su exitoso eslogan.

El manifiesto de Petrini atesora un cuarto elemento que propicia su popularidad: propone una nueva y orgullosa definición para la palabra *gastrónomo*. «Todavía hay quien piensa en nosotros los gastrónomos como un grupito de comilones egoístas y despreocupados por su entorno. Lamentablemente, no lo han entendido», dice con resignación el autor en el arranque del tratado por una comida lenta. El gastrónomo, por el contrario, tiene entre sus «prerrogativas» el «sentirse de algún modo coproductor del alimento, parte de una comunidad de destino».

¿Qué es un gastrónomo? Pues en rigor, alguien que domina la gastronomía. ¿Y qué es la gastronomía? Pues según la RAE:

—El Arte de preparar una buena comida.
—La afición al buen comer.
—El conjunto de los platos y usos culinarios propios de un determinado lugar.

Yo cumplo las dos primeras opciones, cocino y me relamo, así que puedo considerarme un gastrónomo. Hasta conozco un poco el sector manufacturero, porque de joven trabajé durante otro verano en una fábrica de embutidos con sala de despiece. Era un negocio familiar, empresa mediana, que mantenía una producción artesanal, aunque con máquinas y cierta mecanización de los procesos. Allí aprendí a salar jamones y a deshuesarlos, a qué huele la sangre de cerdo hervida, cómo se ahúma un beicon, y la diferencia entre la morcilla negra y la morcilla blanca. Hoy no me acuerdo de casi nada. También transportaba enormes calderos con mezclas para mortadelas o salchichas, llevaba recortes de carne de una sala a otra, envasaba al vacío, y etiquetaba longanizas y chorizos. Todo, con esa proverbial torpeza que siempre me acompaña: perdiendo la mitad de la carga por el camino, embistiendo a los trabajadores a mi paso, volcando, rompiendo, disculpándome a cada poco, lo siento, perdón, cuidado, cuidado.

Fue un gran verano.

Cuando hago cola en una charcutería muchas veces acabo pensando en él. Y en cómo un fabricante de máquinas de tickets, un simple dispensador de números en papel, ha sustituido la divertida costumbre de pedir la vez. Y en cómo el citado fabricante ha conseguido instalar su modelo de dispensador en todos los mercados, supermercados y despachos de comida del país. Y casi siempre el modelo rojo del dispensador, manda narices. Qué tío. Debe tener tanta pasta como el doctor Oliver Rodés, el que —fíjate bien— analiza TODAS las botellas de agua mineral que se comercializan en España. Una amiga me dijo que una vez había visto una marca de agua, no me acuerdo cuál, certificada por otro químico distinto, por un farmacéutico insensato, un forastero indeseado en este pueblo. Pero debieron hacerle una oferta que no pudo rechazar, porque fue hace mucho tiempo y yo jamás he localizado una etiqueta donde no aparezca el Amo De Todas Las Aguas diciendo que esa cumple las condiciones ideales de mineralidad, salubridad y etcétera. Ni siquiera he vuelto a ver a mi amiga.

Siempre quise conocer a una de las hijas del ubicuo analista Oliver, a Lucía o a Catalina Rodés, para seducirla, casarme con ella y solucionarme la vida. Pero no pudo ser, nunca coincidimos. La vida te lleva por otros manantiales. Acequias, en mi caso. En ese tortuoso discurrir, gracias a dios, he conocido otras vivencias culinarias, y he acabado sintiéndome cómplice de los mercados y de numerosos negocios de espíritu similar al que regentan los amigos de El Campu La Llera. Con lo cual, indiscutiblemente puedo considerarme un gastrónomo, partícipe además de la «comunidad de destino» a la que aspira Carlo Petrini. Lo único que cambiaría son los tres atributos de su manifiesto: bello, inteligente y bueno, en lugar de *bueno, limpio y justo*. La inteligencia y la belleza engloban —y amplían— a la justicia y la limpieza.

Sin embargo, cuando miro alrededor, me encuentro bastante solo como gastrónomo. Suelo sentirme un espectador en el cónclave de la Mantequilla Negra, o un *alpacador* novato recién desembarcado en la playa de Omaha.

Porque entre quienes nos autodenominamos gastrónomos en España abundan los expertos que se pretenden logia, esnobs que pontifican con una erudición que se sustenta en un único vértice del universo culinario, lo excepcional, y que por tanto excluyen de antemano ya solo con su actitud. Cada vez que catan un vino, escenifican una liturgia de meneos, mohínes y axiomas a cuyo lado la bendición misal del cáliz parece la preparación de un calimocho. Cada vez que hablan de un chef reputado, se jactan de tratarlo con familiaridad de *cuñao*: «El otro día me contó Andoni que está cultivando unos chiriflautos salvajes con los que vais a epatar la próxima temporada».

Estos gastromonguers campan a sus anchas precisamente porque el público, como bien se queja Petrini, rara vez se para a pensar sobre lo que le sirven en un restorán o adquiere en el hipermercado. El españolito paga y come, y convive con la histeria de escuchar miles de alertas sobre lo supuestamente insalubre de su dieta doméstica frente la leyenda de la cocina de nuestras abuelas y, sobre todo, frente al universo culinario que existe allí afuera, a la fantasía de los remotos restaurantes estrellados, de las bodegas «apegadas al terruño» con una producción mínima que producen vinos prohibitivos, o de las tierras de labor «ecológicas» que cosechan alimentos aceptados como «biológicos» gracias a una etiqueta que les distingue como un ser vivo tan genuino con el que casi podemos debatir sobre el *Ulysses* de Joyce mientras lo pelamos.

Estos especialistas de alta gama han encontrado en la palabra *gastrónomo* la excusa perfecta para exiliar la antigua *sibarita* o la francesa *gourmand*, teñidas ambas de una connotación clasista y altanera que no encaja ya en nuestra nueva sociedad pop, donde para mostrarse sofisticado hay que disfrazarse con una elegancia desaliñada, tanto en la ropa como en las opiniones, y renovarla cada dos semanas para así mantener erecto el *trending topic* personal. Pero los gurús siempre se pretenden élite. Los más viejos lo hacen a la antigua usanza, parapetados tras amplias barrigas de suficiencia, especialmente en provincias, donde suelen funcionar como una suerte de líderes de opinión que rara vez abonan la cuenta en los locales o tiendas sobre los que escriben en sus atalayas de opinión —una columna en el diario local, un suplemento, un librito editado por la Concejalía de Cultura o por la Asociación de Hostelería—. Los jóvenes, relevo generacional de los anteriores, abundan en las grandes ciudades y capitanean desde sus teléfonos móviles un movimiento *foodie, cool,* guay, pasando las fotos de los platos por el filtro X-Pro II antes siquiera de probarlos. Emiten sus *hashtags* constantemente, entre cócteles de inauguración, catas, degustaciones, viajes de prensa y charlas en congresos de Social Media. Su perspectiva intelectual de la comida suele ser cenital, pues opinan desde el hombro, como sacan todas las fotos desde arriba.

Entre unos y otros extremos —que obviamente hemos caricaturizado—, coexisten miles de blogs, empresas de comunicación, cocineros célebres, y aficionados que opinan y puntúan en el tribunal popular de Tripadvisor con el monóculo bien tieso. El *slow food* y el *food porn;* la revista *Tapas* para los hípsters y la revista *Apicius* para los listos; las recetas de *Directo al paladar,* Madrid Fusión, San Sebastián Gastronomika, el Basque Culinary Center. Las tiendas ecológicas, los panes de masa madre en las boutiques del pan, los huertos urbanos, los gin-tonics de 20 euros, los vermús de 10, catas o maridajes de champán y aceites por doquier, visitas a bodegas edificadas por arquitectos de renombre, *Masterchef, Top Chef, Pesadilla en la cocina* y los abundantes documentales y series de Netflix sobre cocina, cocineros, vinos y viajes por las infinitas gastronomías del mundo. España es un no parar, un aluvión gastronómico, un mundo de gastrónomos. Y a la par, un país que ya empieza a comprar la comida de casa en Amazon.

¿Por qué entonces los gastrónomos modestos nos sentimos solos?

Yo aprendí a comer de la mano de Manuel Vázquez Montalbán. Fue el primer escritor que encontré en cuyas novelas la comida actuaba como una protagonista, propiciaba reflexiones y constituía un gozo supremo, gozo que se trasladaba directamente a las entrañas del lector. Las palabras de Montalbán conseguían introducir cuanto sugerían en tu cabeza y en tu estómago a la vez. Leyéndole, me paré a pensar en que todos tenemos que comer a diario inexorablemente, y en que convertir esa necesidad y ese hábito en una alegría, capaz de alterarte el humor con la misma instantaneidad que solo consiguen el sexo o la música, es una de las mejores oportunidades que nos ofrece la vida en nuestra insensata búsqueda de la felicidad. Cocinar y comer son placeres sencillos y espirituales: «Cualquiera puede cocinar», proclama el legendario chef Auguste Gusteau en *Ratatouille*, mi tratado favorito sobre la gastronomía. Su rata protagonista, Remy, el animal más detestable en una cocina, no solo demuestra con su determinación lo indiscutible de dicha afirmación, tumbando al gourmet Anton Ego con un plato campechano que le regresa a su infancia con un sopapo de sabor, sino que ese chef de hocico fino y manicas talentosas enseña además a sus congéneres —las ratas normales— a no conformarse con comer despojos. Pretende que, amén de alimentarse, saboreen. Que además de nutrirse, reflexionen, que hablen de lo comido y hasta se atrevan a propiciarlo con un cuchillo en la mano.

Porque la gastronomía es, simplemente, el placer consciente de comer y también el de cocinar. Es la buena comida, como la gente buena es la gente noble, sea de campo o de ciudad, sea gente biológica o sea Wall-E, el robot basurero. Me refiero a la misma filosofía que el cocinero Remy le explica al friegaplatos Alfredo Linguini y la que, a mi entender, deberían promover quienes se autodenominan gastrónomos; no discutir únicamente si la Guía Michelin es mezquina con España, si el jugo de plancton ha de esferificarse para su emplatado con la silueta de Bob Esponja o si el auténtico ramen japonés puede prepararse con un bonito del norte. Un gastrónomo, si de veras está convencido de la trascendencia de su oficio, si pretende divulgar, instruir y compartir, debería enseñar a diferenciar y apreciar el sabor por encima de cualquier espectáculo.

Además, existe un público inmenso que necesita que le hablen desde la complicidad, no desde el púlpito o desde una imagen aérea en Instagram. La gastronomía está de moda, sí, ¿pero qué gastronomía triunfa de forma masiva en los medios de comunicación? ¿La de los elitistas, la de quienes señalan con ínfulas qué está de moda, qué es auténtico o en qué restaurante deberíamos reservar mesa? Al contrario, triunfan los planteamientos divertidos y humildes: El Comidista, Robin Food, Jamie Oliver, Gordon Ramsay o el sempiterno —dios le guarde— Karlos Arguiñano. Es decir, la gastronomía que enseña a comer bien, barato y sencillo, y pasándoselo bien mientras tanto.

En 1985, Montalbán escribió *Contra los gourmets*, un libro que todavía hoy deja despatarrado por su sensatez. En aquel ensayo, el catalán advertía una posible causa para explicar la arrogancia de nuestros gastrónomos: «Ni la industria conservera ni la de la congelación han conseguido crear una cocina de calidad masificada, y tal vez por eso el gourmet puede seguir investido de su sacerdocio». Treinta años después, ese panorama comercial ha cambiado, para mejor. Nuestra sociedad se ha industrializado hasta las cejas, aplicando su ingenio en todos los ámbitos, incluida la creación de alimentos. Lógicamente, parte de lo que se manufactura es adecuado y parte es, simplemente, caca embolsada. Sin embargo, quienes estudian un cimiento tan fundamental de la sociedad siguen ignorando el fenómeno, permanecen ajenos a la evolución de nuestra alimentación. No responden a las preguntas fundamentales a las que se enfrenta cualquier ciudadano.

Yo quiero saber qué opina José Carlos Capel sobre los Risketos, quiero que Carlos Maribona confiese qué compra cuando entra con gabardina, gafas de sol y boina de cuadros en el Mercadona. O que me explique cómo se ha convertido la marca Hacendado en sinónimo absoluto de comida para tantos miles de personas normales. ¿Forma parte Hacendado de la gastronomía española? ¿Por qué la gastronomía oficial ensalza la comida antigua y desprecia la comida popular actual? ¿Por qué la Thermomix simboliza la muerte de la cocina casera pero en un restaurante supone la panacea?

Y tengo más dudas: cuántas cabras hay en España, por ejemplo. Porque las cabras dan muy poca leche. Y supongo ha de ser una auténtica legión de cabras españolas, cabras además de ubres antológicas, las que con su ordeño masivo permiten que los restaurantes de este país puedan servir los miles de menús que a diario se muestran encabezados por una Ensalada de Queso de Cabra, con su correspondiente (y a menudo delirante) reducción de vinagre de Módena. ¿De verdad todo el queso de cabra es de cabra? ¿Cuánto tiempo tardaron los gastrónomos en enterarse de que el chuletón de buey no era de buey, sino de vaca vieja? ¿Y por qué han aceptado llamarlo chuletón de buey?

¿O cuánta uva se cultiva en La Rioja? ¿Son uvas grandes como melones las que cobijan sus prestigiosas cepas? Porque cuesta creer que, aun metiendo en la despalilladora a toda la población de esa comunidad uniprovincial, extrujándola y fermentándola, salgan las toneladas de vino suficientes para embotellar todo lo etiquetado cada año bajo el amparo cualitativo de la Denominación de Origen. Además, ¿por qué creemos a pies juntillas que al pedir un Rioja o un Rueda o un Ribera el vino que nos sirvan va a estar ineluctablemente rico? ¿Como han conseguido los gastrónomos que asumamos esa certeza?, ¿de verdad las denominaciones solo aceptan a su vera a las bodegas que cumplen una calidad sobresaliente? ¿Por qué no pedimos el vino por sus características, por lo que nos gusta, en lugar de decantarnos habitualmente por las zonas donde la producción está más masificada, donde la probabilidad de recibir polvo por levadura es mayor? ¿Por qué nos comportamos así, medio ciegos y medio lerdos ante la barra, ante el sumiller o cuando un camarero nos recita las tres líneas del siguiente plato sin que ninguno de los comensales se atreva a decirle que, disculpe, amigo, explíqueme algún otro detalle porque no conozco ni cómo se pronuncian la mitad de los ingredientes que me está tarareando?

Tal fue el debate que intentó abrir el fallecido Santi Santamaría con su controvertido *La cocina al desnudo*, un librazo que los medios (ay, la pereza de las notas de prensa) redujeron a las provocaciones que el autor dedicaba al siempre despeinado Ferran Adrià. «Si la fama se valora más que la profesionalidad, vamos a generar frustración», avisaba Santamaría. Los gastrónomos oficiales, por supuesto, aceptaron la injusta simplificación de aquel ensayo agudo y valiente, y se arrojaron encima del genio de Can Fabes con la misma fiereza que, unos años más tarde, cuando la recesión económica dejó sin comensales a la cocina espectáculo, defenderían la «cocina de proximidad» y los ingredientes nobles que precisamente promulgaba Santamaría. El público, sobrepasado de nuevo por la velocidad de los acontecimientos, calló en aquel partido de Wimbledon entre presuntos expertos como calla ahora cuando le cobran un gin-tonic a precio de solomilllo. Pocas cosas hay más españolas que cerrar la boca por miedo a mostrar nuestra ignorancia.

Pero resulta que la ignorancia solo se supera planteando las preguntas en voz alta —¿por qué pintamos siempre al faraón de perfil?— pues el saber humano funciona como un proceso colectivo. Y nosotros, la gente común, somos los auténticos protagonistas de esta fiesta: «Eres lo que comes», proclamaba el maestro de la sobremesa Jean Anthelme Brillat-Savarin. O «Somos lo que comemos. / Estamos como bebemos», que completaba Gloria Fuertes con su sorna poética. Así que, comensales, clientes, compradores, ciudadanos, público de las entrañas en general: alcémonos, levantémonos en la grada de una vez y reventemos con nuestras dudas el sermón del huerto ecológico, el catálogo de la restauración artística, la interminable conferencia de los sacerdotes del placer. «Camarero, ¿me puede repetir con palabras que yo entienda qué demonios es lo que voy a comer?».

Para recuperar el espíritu de Montalbán, el coraje de Santamaría, enfrentarnos a los gastromonguers del mundo, defender nuestro derecho a comer Risketos y fundar un activismo culinario algo menos hortera que «una comunidad de destino», para tamaño empeño revolucionario, nosotros el pueblo necesitamos argumentos, armar un discurso. ¿Y cómo se arman los discursos en España? Pues derribando los que en ese momento dominan la opinión pública. La puta gastronomía se basa en cuatro mentiras, que vamos a desenmascarar conforme edificamos nuestra propia iglesia. Esas mentiras son el mito de la cocina de nuestras abuelas, la cocina entendida como un arte superior, la elaboración del vino como el sumun de la magia que esconde la Naturaleza, y la maldad de la comida industrial como prueba de la ignorancia del pueblo llano, incapaz siquiera de mirar por su salud. Cojamos la escopeta de feria y derribemos uno tras otro estos cuatro palillos presuntamente intelectuales, sin soltar en ningún momento el quinto palillo: el que, por mor de la tradición, todavía decora nuestra boca de brutos.

Prudón, el pollo cántabro

Cuando le conocí, ya no tenía cabeza.

Así que nunca le vi la cara, nunca supe si le había sonreído al mundo o si la vida le había avinagrado la expresión. Supongo que lo primero, pues había vivido en compañía de los suyos, sin ocupación alguna, libre y bien alimentado. «Un auténtico pollo anarquista», me definió el amable criador de Picasuelos de Cantabria cuando me trajo al periódico el cadáver de Prudón, tan reciente aún su muerte que lo hubiera notado caliente de no haber estado embalsamado al vacío.

He de decir que tampoco se llamaba Prudón. Además de sin rostro, me llegó anónimo. Pero decidí bautizarlo con ese nombre al sacarlo de la bolsa, al comprobar la nobleza de su carne, la certeza de su libertad y la repudia que, probablemente, debía de haber manifestado hacia toda autoridad externa mientras pudo corretear a su antojo, o cortejar gallinas, o leer libros repantingado en el corral como un intelectual de paja. Porque aunque nunca le vi la cara, estoy seguro de que Prudón llevó gafas.

Imagino que fue un pollo siempre despeinado a causa de lo agitado de su pensamiento. Lúcido, elocuente y deduzco que también porfiado, pues la longitud de su cuello casi igualaba la de sus pechugas. De lo cual se puede inferir que Prudón enfatizó sus frecuentes peroratas por el campo con intensos movimientos de cabeza en derredor, dirigiéndose a todos los camaradas con los que en cada momento compartía pasto, pienso o simplemente solaz, y a quienes entretenía con sus reflexiones emancipadoras quisieran o no. Esa costumbre, o terquedad de filósofo, probablemente le fue alargando poco a poco, discurso a discurso, soflama tras soflama, el cuello, un cuello asalchichado, un cuello enfocado a la verdad, que conforme empujó ideas hacia la comunidad también se fue nutriendo de músculo y de grasa infiltrada, y de una gruesa y elástica capa de piel que se encargó de darle una eficaz cobertura invernal a tanta carne activa.

Necesité la macheta y una considerable cantidad de violencia para separar aquel pescuezo del cuerpo de este líder rural. Y ni te cuento para desmembrarlo por completo.

El cuello, el espinazo y los huesos de la pechuga, asados previamente en el horno, propiciaron un caldo tan oscuro e intenso como un fondo de ternera. Guardo en el congelador una bandeja de croquetas fundamentales, elaboradas con las carnes sobrantes que rescaté de aquella laguna Estigia.

Las mencionadas pechugas de Prudón, a su vez, eran mucho más pequeñas que las de los pollos falsificados que compramos en los supermercados, cuyas desmesuradas delanteras superan en tamaño a las piernas según una proporción absolutamente antinatural. Para que nos entendamos: si fueran tetas, las de Prudón habrían sido dos tetas menudas, firmes y frescas, dos tetas de melocotón. A su lado, las otras, las pechugas convencionales, parecen los pechos abotargados de una anciana que a duras penas se sostiene ya sobre las dos canillas que un día, tiempo atrás, fueron unos muslos donde apetecía sumergir la cordura.

Preparé un majado con ajo, jengibre, sal y pimienta, embadurné las pechugas de Prudón, la socarré en una sartén unos segundos, abrasé un chorro de fino, añadí un poco de soja, ralladura y unas gotas de limón, y las rematé en el horno. Monumentales. Para encender una revuelta.

Como ya he indicado, Prudón era, o había sido, cántabro. La nobleza de su cuerpo y —a buen seguro— la densidad y trascendencia de su pensamiento merecían una despedida de este mundo superior, propia de un gallo de falansterio, de un marqués de las cañadas. No tuve que pensar mucho. Decidí sustanciar a mi amigo anarquista bajo la fórmula familiar que utiliza Nacho Manzano para los pitos de caleya astures, que suelen ser más grandes y mas adultos, pero igualmente soberanos de ánimo. Así que los muslos, contramuslos y las alas fueron estofados muy, muy despacio, casi molécula a molécula, en el seno de Bernadette, la gorda, hospitalaria y naranja Le Crusette: mi mejor olla. Con el corazón, el hígado y la molleja procedí según refiere la receta del genio de Casa Marcial.

Pasamos la vida intentando dominarla, revolviéndonos ante el mundo, protestando porque los demás no son como deberían ser o porque no nos tratan como merecemos. Unos pocos, sin embargo, miran, piensan, actúan con fraternidad en el ámbito que alcanzan, y mueren. Prudón fue uno de esos seres pequeños y lúcidos, la bombilla de su corral. Quiso el destino que, cuando se apagó, los patronos que le habían criado como a un revolucionario mimado leyeran una columna que mi pluma incapaz había publicado en las páginas del diario. Gustándoles ese párrafo largo, decidieron agradecerme el rato regalándome el cuerpo todavía palpitante de aquel animal incomparable.

Bien sabe Artemisa que traté de honrarlo con todo mi esfuerzo, con mis mejores aparejos, con la maña de la que carezco; con el respeto litúrgico que solo guardo para mis mejores tebeos. Y Prudón, de vuelta, me demostró con su último suspiro que la generosidad es la única posteridad útil. Me devolvió todas las horas que le dediqué multiplicadas por diez, y condensadas en un centenar de instantes. En cada cucharada de caldo, en cada trozo de pechuga, en cada bocado de estofado, en cada menudillo, en cada mordisco de croqueta, me sentí libre, salvaje, dueño de mi vida, mutualista de la humanidad. Aun sin haberle visto la cara, ya nunca podré olvidarlo.

Prudón, coño: te amo.

4

Por qué en España no sabemos hablar de comida

Mi discusión con Gastromonguer a cuenta de la sidra asturiana reprodujo el modo más habitual en el que los españoles afrontamos cualquier conversación sobre un tema complejo: como una competición, en lugar de un intercambio de
argumentos. Para los españoles, discutir consiste en convencer al contertulio, tratándolo de adversario y buscando cómo
arrinconarlo para que nuestras opiniones prevalezcan sobre
cuantas exponga él. Pocos españoles encaran un debate con
la misma inclinación a cambiar de opinión que a imponerla,
es decir, acudiendo a la charla como quien asiste a un juego
donde no se reparten medallas. Este comportamiento beli-
coso, tan humano, tan simiesco, se exacerba en los pueblos
con escasa costumbre de libertad. Los países todavía brutos,
como el nuestro, piensan peor.

De hecho, para que aquella disputa entre dos gastrónomos (pues ya ha quedado probado en el capítulo anterior
que tanto Gastromonguer como yo lo éramos) obtuviera el
marchamo de «genuina discusión española», solo hubiese necesitado alguna apelación a la sidra como símbolo regional.
Si en España no sabemos discutir sin quitarnos el palillo de
la boca, cuando se trata de gastronomía solemos morderlo
con fuerza y utilizar la cocina como un emblema, como una
bandera de nuestros orígenes telúricos y del relato nacionalista que alrededor de ellos hemos creado. El gazpacho define
Andalucía; la paella, la Comunidad Valenciana; el ternasco, Aragón; y la sidra, Asturias. Cataluña, atendiendo a esa
lógica cartográfica, se sintetiza en sus calçots.

Semejantes asociaciones son una tontería. Un simple cuento divertido.

El pollo al ajillo, por ejemplo, era una receta típica de la hostelería española hasta que el tsunami gastronómico la exilió. Hoy cuesta encontrarlo en una carta, probablemente porque al popularizarse el pollo como un ingrediente doméstico —esas pechuguitas a la plancha— y también como un ítem de la comida rápida —los *nuggets* o las alitas barbacoa— ha quedado estigmatizado ante el monóculo de los elitistas. Al no pertenecer a ninguna gastronomía regional, ni ser reivindicado por ningún gobierno autonómico, el pollo al ajillo ha quedado también huérfano de marchamo intelectual, de un relato provinciano. Nadie en España se ha responsabilizado de elogiarlo.

Vamos a hacerlo.

Casualmente dos de mis mayores fortunas son leer a Richard Ford y comer el pollo al ajillo que me cocino yo mismo. Suena vanidoso, pero es así. Suceda lo que suceda desde que amanezco, ande como ande ese día de humor, si leo a Richard Ford o me zampo el susodicho pollo, al instante me siento feliz en términos absolutos. Quizá fugazmente, pero intensamente feliz. No digamos ya si logro combinar ambos placeres. Qué lágrimas entonces.

El pollo al ajillo es una evolución del que prepara mi madre. Sigo este proceder:

1) Sólo frío alas, que antes de nada troceo lo mejor que sé (por las articulaciones, sin romper los huesos).

2) Para media docena de alas, preparo no menos de ocho ajos, partidos en trozos medianos (saco unos cinco trozos de cada ajo). En general, pelo y parto ajos, y cuando me parecen bastantes, casi muchos, pues parto dos o tres más.

3) Pongo los trozos de pollo con la piel bocabajo en la sartén, más los ajos, todo en frío, con poco aceite y el fuego casi al mínimo (si tiene seis potencias, al dos).

4) No toco nada durante los primeros 30 minutos, tiempo aproximado; hasta que huelo que el ajo empieza a caramelizar. Entonces, con delicadeza y cuchara, le doy la vuelta a los ajos, que estarán amagando ya con pegarse como cobardes. Reviso de paso el pollo, al que igualmente no doy la vuelta hasta constatar dorado por su primera cara. De eso se trata esto: de asar despacio, sin socarrar nada.

5) Cuando el ajo está tan transparente y marrón que amenaza con su desintegración, lo saco de la sartén como a Moisés lo rescataron del río. Dejo las alas solas, a merced del aceite mejorado.

6) Después de mucha paciencia y de casi dos horas, subo el fuego para rematar el tostado por ambos lados.

7) Me como el pollo, recogiendo con abundante pan los ajos momificados.

Hazlo. Ajo y pollo se funden en otro sabor, intercambiándose dulzores y grasas y amainándose sus respectivos temperamentos brutos. Dos ingredientes aburridamente cotidianos alumbran con su amalgamiento un sorprendente plato de caramelos, un gozo reposado del que nunca te hartas. Además, se disfruta sin necesidad de cubiertos, con las manos. Como la vida misma cuando te dejas de melindres, del qué dirán y de lo que se espera de ti, que siempre suele ser demasiado.

Esa calma conciliadora que proporciona un buen pollo al ajillo —o un *Slow pollo*— lo conecta, precisamente, con Richard Ford.

Las novelas de Ford pertenecen a esa categoría de libros que te hacen mejor persona, que ennoblecen tu forma de ser porque leyéndolos aprecias de otra manera el mundo: lo encaras con mejor provecho y te enfrentas a sus pobladores —y a ti mismo— con un humor más adecuado a su azaroso funcionamiento. Tres ejemplos rápidos que en mi caso han provocado esa elevación indescriptible son *Los Miserables*, de Víctor Hugo, las aventuras de Calvin y Hobbes, de Bill Watterson, y todo cuanto he leído de Richard Ford. Al cerrar sus páginas, me entraba más luz por la cara.

Hay quien desecha a Richard Ford porque en sus novelas aparentemente no sucede casi nada, algo imperdonable en estos tiempos donde la diversión, la información, la moda, todo, tiene que ser galvánico. Entiendo esa crítica, aunque en realidad el problema lo tenga ese tipo de lector que no encuentra chicha sin pirotecnia, aquel al que *Los Miserables* le parece una fenomenal colección de peripecias, pero no se encandila con su retrato humano. En realidad, en los libros de Ford sucede absolutamente todo. La vida, mismamente. Estás con un amigo tomando una caña anodina y os transcurren varios minutos callados los dos. O una tediosa jornada de trabajo de los cientos que no te dejan huella. O cuando estás mirando la televisión pero no estás viéndola, sino deambulando por las peregrinas preocupaciones del dinero, el sexo, los jefes y demás. Todo eso sucede en Ford. Porque su talento reside en relatar la normalidad con una aparente normalidad de estilo (en realidad, el fluir sencillo y perfecto de un río) que transforma nuestro aburrimiento en algo formidable. Con sus líneas reposadas, Ford magnifica la poca cosa que somos: lee con paciencia un trayecto en coche de Frank Bascombe, su personaje más conocido, y al día siguiente conducirás con esa placidez que nos vendían aquellos anuncios de BMW que invitaban a sacar la mano por la ventanilla de una forma temeraria. Con Richard Ford no hace falta ni bajarla. Su prosa carameliza nuestras rutinas y hace, de cada una, un descubrimiento, un avistamiento del mar Mediterráneo. Ford es pura vitalidad. Como mi pollo al ajillo. Por eso lo considero un plato tremendamente intelectual.

Porque si cualquiera puede ser un gastrónomo, también cualquiera puede ser un filósofo. De hecho, podemos afirmar que, para comprender la comida, resulta imprescindible desvariar sobre su naturaleza sin ninguna vergüenza.

Lo demostró en 2006 la BBC, el faro de la televisión europea, con una serie gastronómica a la que bautizó como *La aventura vinícola de Oz y James*. La gracia de la idea radicaba en juntar a un reputado sumiller británico, Oz Clarke, con un periodista aficionado a beber en zapatillas: James May, presentador del programa de motor *Top Gear* y hombre asilvestrado tanto en gustos como en actitud. Para superar la distancia intelectual que separaba a Oz y a James, la BBC los embarcó en un coche con una caravana y los mandó a hacer gárgaras. Los primeros desencuentros entre ese crítico refinado y su brusco compañero de viaje, al que supuestamente tenía que educar, hacían llorar de risa.

En una de las temporadas, los productores encargaron a Oz y James —ya amigos— que determinaran cuál era la bebida fundamental del Reino Unido, cuál de todos los brebajes producidos y consumidos desde la barbarie definía la esencia, humana e histórica, de las islas. El resultado fue un hatajo de capítulos gloriosos: didácticos, pues recopilaban orígenes y tradiciones, y contemporáneos, porque César y Bruto discutían con inteligencia y sin remilgos sobre la cerveza, el vino, el whisky… Sobre la bebida como regocijo y alimento de la sociedad, y sobre las contradicciones que como cualquier actividad humana encierra. Oz y James se reían de su patria para poder contarla. Solían acabar borrachos.

El formato de aquel programa lo copió en 2010 Televisión Española con Juan Echanove e Imanol Arias en *Un país para comérselo*. Pero no fue lo mismo. Fue una buena serie, recopilatoria, muy bien realizada, con elegantes voces en off…, pero sin ese punto de discusión que distinguía a su inspiración británica. Juan e Imanol viajaban demasiado sobrios.

Un país para comérselo se quedó en bonita estampa —nuestros prados, nuestros pescadores, nuestros atardeceres, nuestras abuelas por supuesto— porque en España no sabemos discutir. Si sus presentadores se hubieran reído de alguna tradición o costumbre —esa manía gallega de cocer el marisco en bosques de laurel, por ejemplo—, se hubiera montado un pollo de cuidado. Somos un país de envidias y sentencias, demasiado engreído, que mira atrás con distorsión y al que, quizá por eso mismo, le cuesta sobremanera observarse con calma. Y no digamos plantearse un futuro, discutirlo tranquilamente y arrebolarse en su consecución. El lastre de reivindicar lo que supuestamente fuimos y nuestra querencia a subirnos al púlpito nos dejan, habitualmente, sin la imaginación necesaria para reinventarnos. Pedro J. Ramírez y Juan Luis Cebrián saben bastante de esto.

¿Cómo nació esta chulería congénita? Pues de una historia boba, cuyo relato podemos revisar en dos párrafos.

En el siglo XV, nuestra recién estrenada Monarquía Nacional Católica se hizo millonaria de golpe con la lotería del Descubrimiento. Desde 1492 y hasta el siglo XVII, creímos dominar el mundo aupados por el expolio de unas Américas que pensábamos Indias, que nos financiaban guerras y aristocracias, pero que mantenían a nuestra economía en la ignorancia del feudalismo. La Inquisición se encargaba de encaramarnos como la cuna mundial del dogma, consolidando los cimientos de nuestro ego nacional. Pero poco a poco, conforme se agotaba el oro, dejamos de ser un imperio sin querer asumirlo. E ignorantes, manque orgullosos, continuamos sometidos al mandato de los monarcas, junto a sus marqueses flemáticos y sus clérigos crueles, quienes nos negaron primero la ilustración que llegaba de Francia en el siglo XVIII (ay, la Pepa), y después la industrialización británica del XIX. «Con los austrias y con los borbones / perdimos nuestras posesiones», cantaban Los Nikis en *El imperio contraataca*, una canción pop que muchos desustanciados de mi generación se tomaron al pie de la letra.

Asomamos pues al siglo XX lamentándonos por las batallas perdidas en las últimas colonias, perdiendo Cuba y Filipinas, bla bla bla, cuando en realidad ya habíamos perdido las principales guerras, esas catarsis que todo pueblo necesita para avanzar una zancada sustancial en su progreso. Lo único decente de aquel desconcierto de la España negra fue que el cabreo alcanzó la temperatura suficiente para echar a los últimos reyes, por lógica genética los más infames e incapaces, y cuya máxima concesión parlamentaria había sido una delirante *alternancia de partidos* supervisada. En 1931 inauguramos una democracia republicana sobre la que, no obstante, no habíamos leído, debatido ni ensayado en doscientos años. Una república que tampoco disponía de una economía moderna sobre la que sustentar su oferta de libertad, pues solo había mirado a la Pérfida Albión como un enemigo, nunca como un posible espejo. Éramos un pollo libre, pero un pollo sin cabeza. Ay, Prudón. Así que el ejército y los próceres resolvieron detener el amago y colocar a otro tirano en el mando, quien no se engalanó con una corona pero que se señaló a sí mismo, a su canija e ignorante figura, como heredero y reconquistador de aquel imperio añejo. Para andamiarse en el poder, Francisco Franco, hombre redundante desde su mismo nombre, hueco como un eco, utilizó las mismas artimañas que sus predecesores habían perfeccionado: represión, nacionalismo y el respaldo infatigable del palio apostólico y romano. Nada se ancla en la memoria colectiva como el miedo. Basta con avivarlo para enclaustrar la inteligencia otra vez.

Así, más o menos, nos enseñaban en el colegio los 500 años de la épica nacional. De los 800 años anteriores, los de la España ibero-musulmana-judía, solo nos contaban un listado de batallas legendarias, que fundamentaban también el mito de nuestra rimbombancia. En consecuencia, hoy somos una nación que todavía presume de una grandeza secular sin que existan motivos positivos para justificar un engreimiento tan desmesurado. Porque hoy mandan aquellos compañeros de mi clase que escuchaban a Los Nikis y los interpretaban al pie de la letra —«El verdadero terror es levantarse una mañana y descubrir que tus compañeros de instituto están gobernando el país», decía Kurt Vonnegut—. A golpe de látigo, sin embargo, la actual Unión Europea nos ha dejado claro que simplemente somos un país más, otro país despistado en un planeta frenético, con una prosperidad frenada de golpe y lastrado además por una trayectoria de igualdad y fraternidad muy breve. Durante milenios nos han dicho qué se podía leer y qué no, sobre qué se podía opinar abiertamente, qué días tocaba pescado, cómo se cortejaba a las mujeres, cuándo debían hablar y sobre todo, quién mandaba aquí, junto a su incuestionable porqué. Que le pregunten al señor Alcántara cómo era España antes de poder salir a comérsela.

Esa censura ha impedido que reflexionáramos sobre nosotros y nuestras circunstancias sin arrojarnos a la exaltación, caso de mi discusión con Gastromonguer. La idiosincrasia ibérica se aborda únicamente desde dos perspectivas antagónicas: poniéndonos a caldo, con un admirable gracejo en ocasiones —*La Codorniz*—, o ensalzándonos hasta el delirio como un hito en el planeta porque somos los mejores oe oe óe Santiago y cierra España —*La Razón*—. Nuestra izquierda ha sido cainita y nuestra derecha, garrula. Y nuestra visión de la gastronomía, algo bárbara: «La religión siempre se ha asociado con la comida: una mesa bien puesta antes se bendecía; hoy decimos que es la hostia», ironizaba Santi Santamaría. Podemos añadirle que un españolito ahíto de carne y vino suele constatar que, así universalmente, los españoles somos La Hostia. Somos capaces hasta de apropiarnos de inventos ajenos. La ensaladilla rusa, mismamente.

La receta de la ensaladilla aparece especificada por el diccionario de la Real Academia de la Lengua: «Ensalada de patata, guisantes, zanahoria y huevo cocido, mezclado con atún u otros ingredientes, que se sirve fría y aderezada con mahonesa». Es la primera acepción de la palabra *ensaladilla* y la única con una condición gastronómica. La Wikipedia, sin embargo, te explica que la ensaladilla se la inventó hacia 1860 Lucien Olivier, chef del restaurante Hermitage en Moscú, «que pronto haría de este plato su seña de identidad». Y añade: «Cuando el Hermitage cerró en 1905, la receta original se perdió inexorablemente, siendo imposible reproducirla hoy en día debido a la inexistencia de un documento que describa su elaboración exacta». Anduvo como una delicia perdida, como el libro de Aristóteles sobre la Risa, hasta que los españoles nos enteramos de su desaparición. Entonces decidimos reinventarla y apropiárnosla, incorporándola nada menos que a nuestro diccionario, a nuestro libro nacional de significados, el mismo que explica *Cojón* como «Interjección para expresar diversos estados de ánimo, especialmente extrañeza o enfado». Y así, la ensaladilla rusa, como la semántica testicular, pasó a formar parte de nuestro orgulloso patrimonio nacional. Porque para cualquier español de bien, la ensaladilla no es solo un plato: es en sí misma todo el verano; solo compite con el gazpacho. Y lo mismo nos da que la inventaran en Rusia o que allí sus gentes coman ahora una nueva versión, distinta a la nuestra, en invierno, como cena tradicional de Navidad. Tú cuéntale que nuestra ensaladilla es bastarda a un celtíbero enajenado en mitad de un partido de fútbol y a buen seguro que te contestará, a voz viva:

—¡Cojones!

Es decir: «¡Qué extraño!».

Fútbol y barra constituyen los ecosistemas favoritos de nuestra población testicular. El español brama sobre lo insufrible de España en el bar, y a continuación tararea entre lágrimas su iletrado himno nacional cuando su selección de fútbol salta al campo unánime de la televisión. De esa bipolaridad surge un ciudadano que nunca se ha sentido tal, porque siempre ha contemplado el gobierno como algo ajeno, envilecido, intocable e irremediable; que nada tiene que ver con su vida cotidiana. Mandan otros invariablemente. Ergo, yo estoy libre de culpa y autorizado para despotricar. En su ensayo *La perestroika de Felipe VI*, el analista político Jaime Miquel denomina a este comportamiento secular, a este tipo de población mongola, como «idiota de lo público». Porque en cuanto puede, ese mismo españolito, indignado con quienes le han mangoneado por siglos, escaquea el IVA de sus facturas o se aprovecha del sempiterno enchufismo para colocar a un cuñado. Este trastorno de nuestro carácter lo ilustran el fútbol, los garrotazos de mi amado Goya, nuestra desaforada afición al ajo o el volumen de pandemónium de nuestras tertulias televisivas. O el siguiente pasaje del libreto de la zarzuela *El barberillo de Lavapiés*, escrita por Luis Mariano de Larra —hijo de su excelso padre— y estrenada en 1874:

> Ser enemigo siempre
> implacable del gobierno,
> sea el que sea. Así gano

amigos, fortuna y crédito.
Como no manda más que uno,
y ese… no por mucho tiempo,
los restantes españoles
son de mi partido; y luego,
como en eso de ministros
está averiado el género,
y aquél que no es tonto es malo,
y aquél que no es malo es pésimo;
en hablando mal de todos,
pero muy mal… siempre acierto.

Con este carácter tan proclive al incendio como despegado de su extinción, y con esa historia de mandamases envueltos en una fe católica inquebrantable; con un país enclaustrado durante siglos en sus miserias y en su flagelación, en definitiva, difícilmente hemos podido parir intelectuales que enriquecieran nuestra cultura con cavilaciones sobre asuntos, no ya alejados del sempiterno «carácter nacional», sino aparentemente menores. Asuntos que, sin embargo, resultan fundamentales en la vida de cualquier pichi. La comida, por ejemplo:

«De todos los libros creados desde tiempos remotos por el talento y la industria humanos, solo los que tratan de la cocina escapan, desde un punto de vista moral, a toda sospecha. Podemos debatir, y hasta desconfiar, de todos los demás pasajes en prosa, pero el propósito de un libro de cocina es único e inconfundible. Es inconcebible que su objetivo sea otro que acrecentar la dicha de la humanidad».

La cita —magnífica— pertenece a Joseph Conrad, y la utilizan David de Jorge y Martín Berasategui en la presentación de *Más de 999 recetas sin bobadas*. De Jorge y Berasategui, divertidos y sabios, son un equipo imbatible en la difusión entusiasta de la afición por la cocina, bien sea a través de la televisión o de los libros. Suyo es también el estupendo prefacio a la última reedición de *Las 1080 recetas de Simone Ortega*, el manual que, con nuestra clase media ya consolidada, enseñó a cocinar a millares de mujeres españolas a principios de los años ochenta, como sucedió en Estados Unidos con *El Arte de la cocina francesa*, de Julia Child, en la década de los sesenta. Sin embargo, ninguno de esos libros explica por sí mismo el porqué de esa comida concreta en ese momento de la historia. Son libros de recetas, que triunfaron porque fueron oportunos. Explicar dicha oportunidad en un contexto más amplio constituye, o debería constituir, el cometido de la gastronomía. Cualquier gastrónomo del *hashtag* #Españaeslahostia puede recitarte de carrerilla quiénes son los reyes de nuestra cocina superlativa actual, e incluso sus platos más importantes, demostrando su dominio de la vanguardia. Probablemente termine la retahíla constatando el orgullo que significan los hermanos Roca o Ángel León para este país, que en efecto está para comérselo. Pero muy pocos sacarán a colación durante una sobremesa a Josep Pla, Manuel Vázquez Montalbán o Álvaro Cunqueiro, auténticos intelectuales, filósofos del tenedor capaces de superar los bordes del plato y proponer conexiones entre la comida y la economía, la ciencia, la política, las costumbres o las naciones. Véase este sarcasmo de Pla:

«Los mejores caracoles son los que han estado en ayuno. La operación consiste en meter el caracol en una jaula herméticamente cerrada y no darle nada de comer. Los caracoles, de este modo, son sometidos a lo que en la época del capitalismo se denominaba el pacto del hambre. Todos se secan. Unos cuantos mueren. Cuanta más hambre padecen, más apreciados son. Esta situación a veces se alarga. Y estos son los caracoles en ayuno. El nuestro es un país devorador de caracoles; pero aquí los queremos a dieta; para entendernos: con los intestinos secos. Los caracoles tienen un aparato digestivo importante. En Francia, por el contrario, gustan los caracoles tiernos, redondos, llenos; para entendernos: llenos de mierda. Son los que se pagan más caros y los más apreciados».

Las 1080 recetas de Simone Ortega y *El Arte de la cocina francesa* comparten, como los caracoles *enmierdados*, un origen francés —Ortega, aunque barcelonesa, provenía de una familia alsaciano-francesa y basó su grueso manual en las recetas de su abuela buorgoñona—. Desde hace siglos, el francés ha sido el espejo para toda la cocina occidental, y no digamos para España, azuzada por el atávico rencor de las lindes. ¿Por qué nadie cuestiona el trono culinario galo? Pues no tanto por su crianza de caracoles o porque un francés inventara la ensaladilla rusa, sino porque Francia fue la primera potencia europea que se libró de la dictadura y la superchería e imaginó una sociedad mejor, una sociedad regida por tres principios utópicos, pero innegables a cualquier ciudadano, cuya consecución se debía aplicar a cualquier ámbito de nuestra existencia. Los franceses, caramba, empezaron a teorizar sobre la comida hace más de doscientos años.

¿Y dónde estaba España hace dos siglos? Pues expulsando a los franceses. Mientras los conjurados de Cádiz peleaban para que luego les engañase un rey mezquino, a los intelectuales galos se les iba la olla con sueños de convivencia formidables que ya abarcaban el buen comer. El socialista utópico François Marie Charles Fourier, por ejemplo, escribía a principios del siglo XIX un opúsculo titulado *Valor educativo de la ópera y la cocina* en el que proponía un sistema educativo muy loco. Imaginó una organización social denominada Armonía compuesta por falansterios autárquicos donde el adiestramiento colectivo de los niños sustituiría a la familia tradicional, y donde la agricultura y la cocina servirían para despertar la lujuria vital en los recién arrojados al mundo:

«Si hay controversia acerca del alimento de las aves, el niño encargado de prepararles y distribuirles la comida no podrá aportar su punto de vista más que si sabe diferenciar el sabor de la carne del de las legumbres, sobre las que habrá no pocas polémicas en cuanto a variedades y métodos de cultivo. El niño intervendrá antes en estas disputas y antes se interesará por las variedades de cultivo. ¿Cómo conducirlo sino mediante la gula, tan poderosa en él, y por el trabajo en la cocina, donde se habitúa a diferenciar los matices de calidad tanto de la carne como de los vegetales?»

Ahí reside nuestra diferencia fundamental con Francia: en la gula, en la interpretación del apetito suntuoso como un motor, o como un peligro. En España, el relato dogmático de la gula permaneció durante siglos, impidiendo el nacimiento de una gastronomía civil. Cuando lo curioso es que la advertencia del abuso en la mesa no estaba inicialmente pensada para el pueblo llano. La gula encabeza los pecados capitales que consignó en el siglo IV un asceta cristiano de nombre difícil: Evagrio Póntico. Originalmente incluía la Tristeza, que posteriormente eliminó el papa Gregorio I, supongo que para no dejar fuera de juego a la mitad de su público. La retahíla de Evagrio iba dirigida en exclusiva a su oficio, alertando de «los ocho espíritus malos que mantienen al monje bajo fuego constante»: gula, adulterio, avaricia, desaliento, irritabilidad, fastidio de ser monje —o envidia—, pereza y arrogancia. Hoy en día suena rara la inclusión de la gula en ese catálogo demoníaco, pues lógicamente, en pleno Medievo, solo un rico podía abandonarse a la ingesta desaforada alimentos. Pero su inclusión se comprende desde la perspectiva clériga original, ya que al renunciar al sexo, el placer estomacal se convierte en el único disfrute de la carne para cualquier sacerdote. Incluso se dispara, como le sucede al oído de un ciego. De ahí, probablemente, que encabezase los avisos de Evagrio.

En España, la gula encajó como el zapato de Cenicienta. No teníamos clases medias que filosofaran sobre el placer carnal desde la comodidad de una prosperidad libre, contrastando el dogma pecaminoso. Y por carácter, los españoles somos propensos al ansia. El fútbol reúne cada fin de semana el ansia de millones de criadillas ibéricas. Nuestra relación ciudadana con el poder se asienta sobre un ansia secular e insatisfecha. Hasta nuestra forma de comer es a menudo pura ansia. En verano nos atiborramos de ensaladilla y en Navidad, de langostinos cocidos untados en mayonesa con una ferocidad imposible de encontrar en ninguna otra parte del planeta, con una gula que escandalizaría a Evagrio Póntico y a toda su Santa Iglesia. El langostinero español —alguno de cuyos ejemplares a buen seguro que atesoras en tu familia— ha desarrollado una forma particular y evolucionada de colocar los dedos alrededor del bicho que ahorma su glotonería, así como un centelleo en la sonrisa provocado por ese rímel grasiento que se le acumula en los labios y que refulge conforme devora decadópodos, ingeridos a tal velocidad que tu retina no puede captar la secuencia entera y el cerebro te completa la escena con una elipsis boquiabierta. Estas máquinas de tragar apilan las cáscaras del bicho en el borde del plato con un equilibrio inalcanzable para la más afanosa de las nutrias pues, según he leído en algún foro de enajenados por los crustáceos, ese montículo expresa el buen karma que genera el langostinero español en su interior cuando se entrega a su vicio de Nochebuena. Por no hablar de cómo pelan los langostinos cocidos, como si hubieran nacido con el tal movimiento aprendido, certero y secuencial: decapitación, desmembramiento de todas las paticas de un tirón sin dejar colgando ninguna, un giro decidido al exoesqueleto que lo arranca por completo y que no provoca daños a la carne, y ya está. En 1,30 segundos su mano yergue otra cola despejada, presta para sumergir sus rayas anaranjadas en un pegote de mayonesa blanca —o amarilla mejor, tipo Calvé—, para ser mordida en dos tramos, separados entre sí por cinco masticaciones, enérgicas y robóticas, y lubricadas gracias a un infalible engranaje de saliva, salsa y ansia. Jarl. Y digo jarl, acudiendo a la Real Academia de Chiquito de la Calzada, porque mientras come, el langostinero español no expresa placer. Mantiene una respiración furiosa y constante, propia de una concentración científica, que cada seis o siete langostinos deja paso a una exhalación profunda, a un gruñido liberado de la que se limpia con la servilleta, haciendo de cirujano y enfermera a la vez. Este proceder (también minutado por algún gen arcaico, que debe remontarse a los trilobites) le sirve en realidad de cíclico descanso para aliviar los codos y el resto de articulaciones que intervienen en el desollado del animal. Si alguna vez te toca retirarle las cáscaras del plato a un langostinero español, pídele permiso: algunos han mordido al camarero en un acto reflejo e incontrolable. Hasta se han dado casos de langostineros españoles que han enloquecido por completo, encontrándolos sus madres en el dormitorio desnudos dibujado por las paredes escenas de caza submarina con sangre de gamba, mientras se balanceaban en cuclillas y simulaban acicalarse unos enormes bigotes imaginarios de un solo pelo largo, larguísimo.

Más que por la cartografía de nuestros platos, siempre mitificada, la gastronomía española debería explicarse a través de la forma en que los comemos y preparamos. Nos explicaría mejor. La citada ensaladilla, la receta tradicional de las navidades rusas, también se transmuta en España en un plato de gula, que se devora como si te persiguiera el diablo a no ser que temples el ánimo y te obligues a degustarlo. Quizá por eso lo adoptamos con tanta naturalidad: porque somos un país alterado, trastornado por su historia y

que ante cualquier debate social importante necesita pelear-
se para justificar que no avanza. Un país que, tras empacharse de langostinos, sale de copas para seguir despellejándose,
hasta matarse a garrotazos o hasta fundirse en un abrazo sa-
turnal que cierre la noche bajo la reconciliación del balom-
pié o de los cánticos regionales. Qué pena no haber visto a
Juan Echanove e Imanol Arias en semejante estado.

Así pues, en España se alertó de la gula hasta bien
entrado el siglo XX como consecuencia de nuestro clericalis-
mo entusiasta, de nuestra idiosincrasia y de nuestra feudal pi-
rámide laboral, mientras que en Francia la gula ya se repen-
saba desde la Ilustración como una oportunidad en lugar de
un pecado, como un motor social. Ese planteamiento hedonista se extendió por el mundo, exportado por las campañas
militares de Napoléon, y propició ensoñaciones intelectuales
como las de Fourier y otros muchos gastrofilósofos que con-
vergieron en 1825 en lo que podemos denominar el Antiguo
Testamento de la Buena Gastronomía: la *Fisiología del gusto*,
de Jean Anthelme Brillat-Savarin, un libro que todo escolar
debería leer y también todo adulto para sentirse un escolar
cada vez que coge un tenedor y un cuchillo. Brillat-Savarin, sin más armas que su observación y la reflexión sobre
su afición, compuso un tratado que aventuraba explicaciones
para todo: desde el uso de los cubiertos hasta la siesta o la reacción de Maillard —la caramelización de las carnes cuando
las pasas por la plancha—. Un tío sin complejos el brillante Savarin, un *gourmand*. A mí se me sigue desencajando
la mandíbula cuando encuadra los dulces como un manjar
propio de mujeres refinadas y «de hombres con pantorrillas
de abad». La gula, otra vez, y el hábito que la cobija.

Si la *Fisiología del gusto* es el Antiguo Testamento de la
Buena Gastronomía porque establece una filosofía moderna de
la comida, un tratado sobre el deleite en la mesa, la condición

de Nuevo Testamento le corresponde a *La guía culinaria* de Auguste Escoffier, publicado en 1902 y que recogía la traducción práctica del espíritu Savarin a través de 5 000 recetas. Escoffier está considerado como el abuelo de la cocina burguesa y uno de los más grandes chefs ilustrados de todos los tiempos.

Se entiende por qué Francia ha sido durante tanto tiempo la referencia mundial del buen comer: porque nos llevan mucha ventaja en el arte de pensar en lo mundano, en ejecutarlo y en discutirlo hasta elevarlo a la categoría de sustancial. Personajes como Pla, Camba, Montalbán, Cunqueiro o Néstor Luján no aparecieron en España hasta el siglo XX, y el público no empezó a leerlos con la suficiente atención hasta que el contexto de sus reflexiones ya había mutado; hasta que nos libramos de las dictaduras y del pecado. En consecuencia, durante décadas no hemos parido o aplaudido suficientes intelectuales del mantel de cuya erudición echar mano ahora para defendernos de los relatos gastronómicos elitistas. La Real Academia de Gastronomía Española, por ejemplo, no se fundó como institución oficial hasta 1980, pocos días antes de que llegase el microondas. De igual forma, los grandes recetarios españoles no son compilaciones burguesas nacidas de un uso social generalizado, sino antiguos libros de convento, caso del *Nuevo arte de la cocina española*, del fraile franciscano Juan Altamiras, editado en 1758 con el propósito último de alimentar a los pobres lo mejor posible. Los franceses, por contra, inventaron entretanto la gastronomía como reflexión, la cocina como disciplina científica y el apetito como celebración. Inventaron hasta el restaurante, símbolo último de la comida entendida como negocio y acontecimiento civil. Mal que nos pese, incluso nos enseñaron a hacer vino, según veremos en páginas posteriores.

Cuando El Bulli cerró sus celebérrimas puertas, ¿qué último plato decidió servir? ¿Uno de sus propios clásicos, alabados en medio mundo y recogidos en libracos de despampanantes fotografías que apenas caben en la mesa del salón? ¿O fue una receta típicamente española, enraizada en nuestra historia? ¿Hizo Ferran Adrià una ensaladilla rusa, unos langostinos de Sanlúcar con mayonesa? ¿O acaso un pollo al ajillo? Pues no. Según recoge el pomposo documental *El Bulli, el último vals*, cocinó una revisión del *Melocotón Melba*, el postre que Escoffier se inventó en los fogones del hotel Savoy de Londres.

¡Traidor!

¡Cojones!

Patria ibérica

En mi juventud fui muy amigo de Azaña. Súper amigo.

Yo le llamaba Manolo y él me llamaba David y juntos íbamos a comer a Lhardy ese bacalao a la vizcaína que tanto le gustaba y que acabó convirtiéndose en la imagen dorada de los mejores años de aquella breve República. Me hago mayor y pierdo recuerdos, pero conservo frescos los de Manuel. Qué tiempos. Qué ganas de sentirse modernos. Qué libertad. Se comía y se bebía y se discutía con un ahínco fabuloso, joven, expectante. También se fornicaba un montón, mucho, ciertamente, y encima a lo tonto; porque sí, o por joder al clero.

En aquella época había cabreo, desde luego, pero la indignación general no impedía que todo el mundo persiguiera algo mejor.

Mi amistad con Manolo tenía un punto antinatural, porque yo de aquélla era monárquico. Y lo fui hasta escucharle el discurso con el que defendió el Estatuto de Cataluña en las Cortes el 27 de mayo de 1932. Aquel día, además de republicano, también me hice español. Se lo reprochaba siempre que le veía flaquear: «No me dudes ahora, que por tu culpa me he convertido, jodío»; y nos reíamos. A veces se lo decía imitando a Ortega y se partía el culo. Lejos del Azaña adusto que luego nos han pintado, el Manolo que yo frecuenté era un tipo normal, cotidiano, con sentido del humor, con una afición desmesurada por el bacalao y al que solo le sublevaba de verdad la incapacidad de los ópticos de entonces para fabricar gafas con unas dimensiones razonables. «¡Que al menos no se te salga el ojo del cristal de solo pestañear, coño!», solía protestar, con razón.

Otro de sus empeños con el país fue mejorarle el estómago. Yo no estaba presente, pero cuentan que, pasando revista a unas tropas junto a Negrín, ambos comentaron lo bajica que era la solda-

desca. «*Siglos de mala alimentación*», sentenciaron. La República introdujo la higiene obligatoria en los mercados y animó a la población a comer pescado como hábito, a ver si así, menos atocinados, despegábamos.

¿Qué pescado promovió?

Pues el bacalao, por supuesto, la mejor conserva. Y curiosamente, también el pez católico por excelencia, el de las interminables cuaresmas.

Como además se empezaban a generalizar los fogones de gas, y la sociedad, suelta de dictadores, se conducía sensual por la calle, la cocina urbana vivió un paréntesis de entusiasmo. El bacalao a la vizcaína fue consecuencia de los experimentos que definen este tipo de épocas, en los que la gente pierde el miedo a comportarse distinto, a probar y equivocarse. Al hilo, empezó a escribirse de gastronomía, mujeres incluidas, qué vergüenza. La Marquesa de Parabere (pseudónimo de María Mestayer de Echagüe) publicó en 1933 *La cocina completa*, una «enciclopedia culinaria» donde zanjaba un viejo debate sobre un plato de religión al que se le empezaba a dar mil vueltas: «*Muchos confunden el bacalao al pil pil con el bacalao ligado. El verdadero pil pil lleva el aceite claro y se ha de presentar en la mesa con el ruido del hervor*». De ahí su nombre.

Claro que, para eso, para opinar y cuestionar con libertad, necesitas que desde arriba te amparen.

Manolo entendía que la política no era mandar, sino negociar. No un sillón azul, sino un hemiciclo variopinto. Y negoció con tesón —hasta el final— durante los años más convulsos que vivieron España y Europa en aquel siglo. La derecha rancia sigue guardándole tiña, según se comprueba en los dos últimos párrafos de su entrada en la Wikipedia. Pero ni ese reducto de la CEDA le podrá negar que, antes de que lo hiciera Portugal, este país de brutos ya había cambiado de régimen sin pegar ni un solo tiro.

Será que el bacalao —patria ibérica— amansa a las fieras.

Cosa que ya debía de sospechar la Iglesia.

5

Por qué la cocina de las abuelas es un mito

El cocinero que, sin saberlo, me regaló el título de este libro también me dejó el recuerdo de uno de los mejores arroces que me he empujado jamás: una paella de sardinas asadas sin sardinas asadas. La sustancia parrillera la aportaba el caldo, magníficamente ahumado a partir de las raspas y las cabezas del pez, que habían pasado previamente por el sacrificio del horno. Ese carácter encubierto se contrastaba en el plato con la delicadeza de unos lomos casi crudos de bocarte (o boquerón) dispuestos cual bacantes y asistidos por un poderoso alioli. En cuanto llegué a casa intenté emular aquel arroz para anclarlo con más firmeza en mi memoria. Todavía me huele el salón a las sardinas que asé para desintegrarlas en un fumé.

La paella es otro de nuestros signos de identidad nacionalista. Alegra nuestros domingos, enfrenta a nuestras provincias y nos humilla como nación en los menús del día que la sirven teñida de colorante y sembrada de pecios ultracongelados (queridos hosteleros: el mejillón que viene con los preparados del supermercado, ese tan grande como el zapatófono de Mortadelo o el ojo de Sauron, me lo vacías y te lo guardas de cenicero). Amamos tanto la paella que hemos reivindicado un *emoji* patriórico que la incorpore al nuevo lenguaje internacional de significados.

Yo aprendí a cocinar la paella en dos pasos, de forma autodidacta y separados entre sí por varios años. En general, raro es el concepto que asimilo de improviso; piense en lo que piense, he necesitado al menos dos intentos para lograrlo. Entender España, por ejemplo, empezando por sus recetas y acabando en la contemplación de sus paisanos. O aprender a embocar primero, y luego ya con tiempo y paciencia ajena descubrir cómo moverte al unísono de otra cadera. O escuchar la pregunta «*¿Qué tal me queda?*» y evitar la trampa, mirando al horizonte, sin responder jamás. En general, avanzo entre tumbos. Con el arroz me pasó: un día leí la diferencia entre el arroz alicantino —sofrito y cubierto de caldo hirviendo— y el valenciano —primero te esmeras un guiso con abundante caldo y una vez listo le añades el arroz dibujando una cruz—, y por esa carretera transité durante una larga temporada dominguera, alternando ambos métodos al parecer antagónicos. Hasta que compré *Paella*, el libro de Alberto Herráiz, y giré hacia la autopista del arroz, que se asienta en estos principios básicos: saborear el aceite en el que vas a sofreír, infusionar los caldos con especias, rematar la paella en el horno y obedecer la regla de oro de los 17 minutos para el total de la elaboración. He probado esa regla en otros ámbitos, pero no siempre funciona, no.

Herráiz abrió hace dos décadas un restaurante especializado en paellas en París (¡en Francia, traidor!) al que bautizó El Fogón y de cuyas andanzas nació el citado libro, que ha de considerarse biblia. Condensa las investigaciones en las que se ha afanado este cocinero conquense sobre el arroz, su química, sus cultivos, utensilios y costumbres. Lanzándose en trampolín, hasta se atreve a establecer una receta básica, una estructura infalible sobre la que cada cual puede experimentar y probar locuras, caso de las paellas dulces. En su introducción, Herráiz se defiende de los ortodoxos con este argumento: «Los entendidos en cocina están demasiado apegados a la idea de la receta auténtica. ¡Pero si antes no había recetas! Se transmitían oralmente a través de los gestos y el ejemplo, y las preparaciones evolucionaban con el tiempo, como estoy haciendo yo ahora».

Por supuesto que antes no existían recetas: se arrojaba al puchero lo que hubiera, o sea legumbres, harinas, verduras y pedazos de carne o mojamas de pescado. La reivindicación que hacen los grandes chefs de la cocina tradicional, la «cocina de las abuelas», el calor del hogar, oe oe oe, etcétera, no puede negar que hace cien años, en este país, el común de los mortales comía fatal. Se pasaba hambre, un hambre del demonio. La paella llevaba arroz y cuatro pateras de conejo, o de alubias, o de bacalao flotando. Los arroces domésticos eran arroces con pecios, arroz de naufragios.

Basta leer *Misericordia* de Galdós o *La busca* de Pío Baroja para recordar que hace cien años éramos un país de desdentados. Muy pocas viviendas atesoraban más de un fuego y menos todavía un libro donde se recogieran los fundamentos de la alimentación. Principalmente, porque apenas se publicaban tales libros, porque la plebe no sabía leer y porque para el miserable no había más fundamento culinario que perseguir y morder lo primero que pillara brincando o brotando por el monte. Se comía bien en los salones de los palacios, en las cantinas de oficiales y en los refectorios de los conventos. En las ciudades, la comida se reducía al cocido infame que servían en el trabajo o la pensión, donde cada puchero era, en sí mismo y a fuerza de necesidad, una I+D+i del minimalismo y de la cocina de proximidad. Tan próxima tan próxima, que cocinábamos con la nariz pegada a la llama: mi bisabuela Petra se calentaba la leche en una de esas tazas de latón con ribete azul que colocaba directamente sobre el fuego y que directamente del fuego recogía con las manos. Yo me quedaba pasmado con su extraordinaria tolerancia al calor, con esos dedos retorcidos por la artrosis con los que sujetaba un asa que debía quemar como un infierno, a tenor del humo que asomaba, mientras, dios mío, Petra se llevaba la taza a la boca y bebía más pancha que un rey. Porque hubo, en efecto, una generación de mujeres cuyas manos inquebrantables sacaron adelante a este país cuando este país era sólo un montón de familias deslomadas por la miseria y la dictadura. Cuando España estaba hundida. Cuando se llamaba hogar a la cocina porque solo hacía calor en esa habitación. Pero en el frío del latón y en las falanges encallecidas no existía ninguna poesía, queridos amigos de la Tradición.

La Cruz Roja de Jaca editó en 2003 *Cocina como antes*, un librito con recetas antiguas contadas por los usuarios de su servicio de teleasistencia rural. Muchos de ellos eran octogenarios, casi de la quinta de mi bisabuela. Resulta fácil distinguir entre sus memorias qué recetas se corresponden con celebraciones festivas, pues están encabezadas por una proteína suculenta y escasa entonces —jarretes de cordero, pavo relleno, pollo chilindrón—, y cuáles constituían la alimentación habitual de una sociedad agrícola, uniceja y paupérrima, donde los caprichos del estómago se reservaban para las fiestas de guardar. Ejemplo:

Tortilla de pan duro. Ingredientes:
Pan
Huevo
Ajo
Perejil

Elaboración: se bate el huevo, se trocea el pan y se le añade. Se complementa con ajo y perejil. Una vez hecha la pasta se hace una tortilla, se pone en una cazuela con agua y que hierva con una hoja de laurel.

El hervor final a la tortilla tenía por objeto, lógicamente, reblandecer el pan duro hasta convertirlo en algo digerible para aquellas bocas llenas de agujeros. Recordemos que somos el país del Lazarillo y de Carpanta; que aquí, hasta que tuvimos clase media, solo estaban gordos los curas, los generales y los ministros. Había una masa de gente que se aparentaba burguesa pero que no lo era, como tampoco las recetas caseras eran realmente recetas.

Una receta siempre pretende ser una memoria orgullosa, no una mera instrucción para no morir durante el invierno. El hambre agudiza el ingenio para sobrevivir, en efecto, pero nunca alcanza por sí solo el necesario para *súpervivir*. El progreso requiere autopistas con entradas y salidas en lugar de pedregosos caminos de cabras. Josep Pla señalaba en 1972 que «una de las cuestiones más complejas y de mayor profundidad de esta península es la mejora de la cocina popular y rural, no solamente para llegar a vivir con un punto de discreción, sino con vistas a la eficacia». Una década después, en 1981, José Ramón Sáiz Viadero coincidía: «En Cantabria ha existido de siempre la teoría de comer para vivir, por encima de la más suntuosa de vivir para comer. Esta comarca peca, ya verán, de excesiva frugalidad, de manifiesto apego al comportamiento austero, y todo ello se echa de notar a la hora de hacer un repaso de los platos característicos de la región». Como se aprecia, ambas reflexiones, la de Viadero y la de Pla, entresacadas de *Lo que hemos comido* y de la guía *Comer en Cantabria*, respectivamente, son de hace dos días. De anteayer. De mis últimas imágenes de Petra y de su España helada, empujada por carros y carretas, y sin carreteras.

En 1948, cuando mi bisabuela y los hoy teleusuarios de la Cruz Roja eran todavía jóvenes, el escritor norteamericano Saul Bellow nos recorrió de norte a sur y publicó su *Carta de España* en la revista *Partisan Review*. Bellow dividía a la población ibérica en tres estamentos sociales. En la base, los pobres de solemnidad, que formaban legión. En la cúspide, los «beneficiarios del enchufismo», colocados en alguna sinecura «gracias a la influencia familiar o a amistades bien situadas en la Iglesia o el Ejército». Y en el medio, «las familias burguesas sin enchufes», para las que «las dificultades son tremendas», según apreciaba el corresponsal:

«Hay que llevar un traje, una camisa que cuesta doscientas pesetas y corbata; presentarse con las alpargatas de la plebe es inconcebible. Resulta indispensable tener criada. Y luego la señora tiene que ir adecuadamente vestida, y hay que comprar ropa y llevar al colegio a los niños. Uno debe aferrarse a su propia clase. La caída en la clase inferior es tremenda. Una desdicha conocida desde antiguo, irrevocable, inmemorial y asumida por todos. La nueva miseria, la de mantener presentable la mediocre vestimenta, hacer sitio en el presupuesto para el cine con objeto de tener algo que aportar a la conversación cuando se hable de *La canción de Bernadette*, y resistir hasta el agotamiento junto a los rezagados en la persecución de objetos deseables, cuyas imágenes de paraíso terrenal se reflejan en cualquier americano, no es sin embargo miseria. Esa que se ve en las casas de vecindad y en las ruinas deshabitadas, en los antiguos hornos y las cuevas, en los enjambres humanos que se amontonan en la pelada descomposición de Vallecas y Mataderos».

Tremendo paisaje, ¿no? A grandes rasgos, el mismo que reflejaban Baroja y Galdós. A mí me recuerda mucho a mi abuelo paterno, Antonio, que marcaba el jamón serrano con el cuchillo cuando salía de casa para que ninguno de sus hijos, o su esposa, le atizasen un arreón. Mi abuelo detestaba el mundo, malvivía para almacenar un dinero que nunca gastó y se enorgullecía de haber estado dos años comiendo solo garbanzos como pago por su primer trabajo, un relato que podíamos constatar sus nietos, pues a los 70 años todavía se pedía con una frecuencia formidable. La imagen de su austeridad burguesa la resumían sus flatulencias y sus castañas pilongas: le encantaban las pilongas, siempre tenía a mano pilongas, en los bolsillos de las americanas roídas, en el cajón de la mesa destartalada del salón donde guardaba los recibos del banco y por supuesto en la boca, de habitual entreabierta, quizá para ventilar aquellas castañas secas mientras las bailaba entre la dentadura postiza con un sonido difícil de olvidar. Antonio hablaba mucho y grave y a mí me hipnotizaba escucharle, comprobar su versatilidad a la hora de cagarse en el mundo y en la idiocia general, pues casi nadie le caía bien. Había sido militar de Franco durante la guerra y representante de electrodomésticos después. Tras jubilarse, ya viudo —para fortuna de mi abuela—, cobraba dos pensiones, reaprovechaba los periódicos como papel higiénico, guardaba todos los aceites que había utilizado durante la semana para cocinar los domingos un arroz repugnante, y fumaba cigarrillos negros encajados en una pipa corta y cochambrosa. Un domingo, mientras me empujaba aquel engrudo de paella concebido en un taller de coches, le dije que se parecía al señor que aparecía en la tele en ese momento. Me calzó una hostia que me dejó temblando: el de la pantalla era Santiago Carrillo, secretario general del PCE. Esa hostia de malos humos se ha quedado estampada en mi cabeza como el principal recuerdo de Antonio, «el sargento manchas», un hombre rencoroso de su propia victoria que nos dejó en la familia más anécdotas que sentimientos. Quizá porque ya en vida, a base de maldecir y chupar pilongas, el solo se *secó*.

Mi abuelo paterno perteneció a nuestra primera clase media, la de la posguerra, nutrida de funcionarios y profesiones liberales y preñada todavía de miedo. John Dickie explica en *¡Delizia! La historia épica de la comida italiana*, que Italia generalizó la comida como placer cuando desarrolló esas mismas clases medias urbanas, que allí aparecieron antes y mejor. Hasta su irrupción, sólo los nobles y aristócratas disfrutaban de una buena mesa, que solía ser caprichosa y excesiva. Sin embargo, al aparecer nuevas familias sin alcurnia pero con fortunas de hormiga, nacidas del comercio próspero y de los progresos tecnológicos, familias pudientes y con tiempo libre para entretener sus días, pudieron coger las recetas rurales italianas, las que nutrían los cuerpos maltrechos de la gente del campo, y remozarlas con otros ingredientes más apetecibles hasta convertirlas en un manjar. Y a la inversa: los burgueses también consiguieron adaptar los platos de los nobles, abaratándolos sin desmerecer su abolengo, para su consumo diario.

Este proceso dio lugar a nuevos recetarios que, al igual que en España, ahora en el siglo XXI denominamos «cocina tradicional», y que no son otra cosa que la comida burguesa nacida en el siglo XX. Lógicamente, anclada en costumbres centenarias. Anclada en la llama, vaya.

En España, el proceso que analiza Dickie sucedió hacia finales de los años cincuenta con el «desarrollismo» del franquismo. Junto a los representantes de comercio, el Seat 600, la industrialización, los turistas y el chanchullo inmobiliario —transmutación moderna del secular enchufismo—, llegaron también a los apartamentos urbanos los cocidos con carne, chorizos, morcillas y pelota. Y en las calles se fue apagando el olor a «olla podrida» con el que arranca *La Regenta* de Clarín. Ese tránsito, no obstante, transcurrió despacio, a ritmo de castaña pilonga, como bien describe el incomparable Luis Carandell en *Los españoles*, libro editado en 1968:

«Con el desarrollo social ha surgido en España una clase nueva que trata por todos los medios de imitar a su manera las grandezas de la vieja sociedad acaudalada. Son gente modesta, de medio pelo, unos con más dinerito, otros con menos, pero todos absolutamente decididos a parecerse a los antiguos ricos. Tienen la casa llena de muebles modernos de estilo recargado, con florones dorados, estrías y patas salomónicas (…). En la cocina, ponen toda suerte de muebles metálicos y aparatos eléctricos y mecánicos, no solo aquellos que hacen más llevadera la labor del ama de casa, sino otros que no sirven absolutamente para nada, inventados por retorcidos inventores, y todo género de botes rotulados con nombres de cosas que nunca se utilizan. Allí sartenes novedosas, allí ollas, cazuelas, cacharros y botes de último modelo. Allí cucharas de forma inquietante, tenedores especiales y espumaderas con estrambote. Todo ello, para luego irse a la taberna de la esquina y comerse por toda cena un bocadillo de calamares».

O para intoxicarse los domingos reutilizando aceites podridos.

Saltemos ahora a la España de los años ochenta, cuando la Transición que apuntaba Carandell ya se había fraguado y un valiente jubilado estaba a punto de calzarse unas Nike de color verde fosforito y de salir a la calle *motorizado*, sobre un colchón de aire y sin ningún complejo, disfrutando del paseo más cómodo de su vida, deslumbrando al resto de Imserso con su desvergüenza y revolucionando por completo los parámetros de la moda nacional. Justo antes de que aquel héroe de Benidorm realizase su gesta —equiparable por su legado a la del anónimo estudiante chino que se plantó frente a los tanques en la plaza de Tiananmén—, Juan Cueto escribió sus *Mitologías de la modernidad*, donde analizaba la incipiente cultura pop española. Es decir, los indicios de que, en cualquier momento, un anciano se atrevería a imitar a sus nietos pero con otro propósito, sacando un objeto de su contexto original y otorgándole una nueva y revolucionaria significación. Tal cual hizo con las sopas Campbell el insigne Andy Warhol.

Cueto incluía en sus mitologías pop un capítulo sobre *La rebelión de las mesas*, donde remarca esta idea principal:

«Hasta tiempos muy recientes, la comida era el factor que dualizaba dramáticamente lo social en dos grandes e irreconciliables clases universales. Incluso era el motor de la revolución. Comer o no comer, tal era el dilema central de la historia». Pero ya no, porque la Transición democrática había cambiado el fuego atávico, o sea el hambre, por las luces estroboscópicas y la bola de espejos de la industrialización.

Con «la democratización de las grasas y las calorías, la socialización de los hidratos de carbono y la sustitución de las desérticas despensas preindustriales por los frigoríficos atiborrados», decía Cueto, la alimentación se situó «al lado de las *distinciones cotidianas* y no, como era tradicional, del lado de las *diferencias históricas* (...). Eso explica que en la actualidad la mesa se viva en las sociedades desarrolladas de muy diversas maneras. A la vez como placer y sacrificio; como ocio y como trabajo; como lujo y necesidad; como símbolo de estatus y descansamiento; como salud y suicidio. La alimentación ha dejado de ser el patrón revolucionario: ahora es otro más de los numerosos patrones de consumo. Por eso mismo sus significaciones se han trasladado al universo del gusto social, como la cultura, el ocio, la presentación o la representación del cuerpo». O como las Nike verde fosforito.

Este complejo entrecomillado se puede resumir de otro modo: hoy no queda un bar de barrio que no haya incorporado sendas botellas de Hendrick's, Citadelle y Seagram's a las baldas grasientas que le sirven, a la vez, de botellero, expositor de objetos insólitos y cajón al vuelo para facturas o loterías. Las ginebras coronan ahora esa trinchera caótica, donde todavía resisten el calendario erótico del taller Paco junto a la fila del coñac Soberano, el pacharán Zoco y una botella medio vacía y turbia de Marie Brizard con el gollete reseco de azúcar. Es decir, la antigua formación de licores titulares donde a mediados de los 80 también se apoyaban el reloj del

Madrí de cerámica, tres búhos de cerámica —uno, bizco— y el mando de la minicadena Shongay envuelto en un plástico marronuzco y tieso como una cerámica. Esa función de ornamento y de orgullo la sustentan en el siglo XXI las ginebras Premium. Son las nuevas representaciones de nuestro cuerpo, de nuestro gusto y de nuestros patrones de consumo.

Porque poco después del lúcido ensayo de Juan Cueto, la gastronomía se puso masivamente de moda en España. Durante la década de 1990 y la primera de los 2000, coincidiendo con la expansión económica y el acomodo generalizado de la población, la afición gastronómica creció y creció conforme los fogones vascos y catalanes iban alumbrando, las estrellas brillando, las escuelas de hostelería mejorando, los concejales recalificando y los constructores brindando con Riberas de mil pavos. El Bulli, Madrid Fusión, un canal de televisión específico —el Canal Cocina— y ni una sola comunidad autónoma sin su eslogan culinario, eslogan que lo mismo servía para reivindicar una nueva mitología de los productos tradicionales, que la memoria de las abuelas guisanderas o el talento prometedor de los cocineros jóvenes que cobraban cien euros por un menú degustación.

Desde Pedro Subijana hasta Andoni Aduriz, pasando por Arzak, Berasategui, Santamaría, Adrià, Arola y un montón de apellidos que nos hemos aprendido de memoria como una lista de reyes godos, los relumbrantes profesionales que capitanearon esta fabulosa y frenética evolución pusieron patas arriba los manteles de sus locales y generaron una onda expansiva que fue sacudiendo primero las servilletas de los clientes, la restauración media después, y finalmente toda la cadena del negocio hostelero. El volcán alcanzó a los proveedores y por ende, también a las tiendas selectas, que hubieron de acostumbrarse a vivir atentas a cada tendencia o descubrimiento de los magos Michelin.

De resultas de aquella modernización acelerada —o sea, de nuestra democracia—, hoy abundan los restaurantes sobresalientes y asequibles, y producimos el mejor vino de Europa en relación calidad-precio. La afición generalizada por regalarse el estómago ha disparado la edición de libros como *Paella* y la producción audiovisual sobre cocina —*Un país para comérselo*—, ha recuperado a nuestros intelectuales gastronómicos pioneros —Camba y Pla, reeditados— y ha concedido una oportunidad a establecimientos especializados y a muchos nuevos artesanos —como mis amigos de El Campu La Llera—. Y si no te queda a mano uno de estos productores pausados, una tienda o un ganadero cuidadoso, el comercio electrónico permite disponer de cualquier manjar lejano en un santiamén. Un panorama envidiable, e inimaginable, para Luis Carandell, mi bisabuela Petra, Saul Bellow o mi abuelo Antonio. Solo Juan Cueto y Vázquez Montalbán lo entrevieron.

Sin embargo, la última recesión financiera nos ha dejado el país en bragas, fulminando la clase media, lo cual nos sitúa en una encrucijada sugerente para el asunto que nos interesa aquí. Nos encontramos suspendidos en ese punto intermedio que no conocimos entre 1990 y 2010, obligados por la crisis económica, sí, pero estimulados por el apetito despertado y por las ganas de democracia que ha reavivado la sociedad de la información. Así que, queridos hermanos del mantel de plástico, hemos de aprovechar el ínterin, el periodo de entreguerras, para tomar el mando.

Un montón de argumentos nos benefician. La crisis ha ajustado los precios y también el enfoque culinario, algo desquiciado, que acabó predominando en los años dosmil. La moda ha pasado de la vanguardia estratosférica de Ferrán Adrià, tan fabulosa como inalcanzable para un chef y para un cliente cotidianos, a las tapas mágicas, y asequibles, de su hermano Albert. Triunfa la «cocina de proximidad», acorde con Petrini y, sobre todo, con las posibilidades de una mesocracia empobrecida. Se busca el ingrediente cerca y en su justa temporada, tal cual promulgaban Santi Santamaría y la misma *Nouvelle Cuisine,* pero porque no queda otro remedio: ya no podemos pagar menús de cien pavos. Por eso los grandes cocineros preparan caterings para bodas o prueban distintos modelos de negocio, caso de *Dabiz* Muñoz (el último chef ubicuo): para diversificar ingresos y llegar a todos los bolsillos. Gastrobares, bistrós, tascas gastronómicas... Los nuevos bautismos hosteleros sugieren, desde el cartel hasta la decoración chic pero sencilla, que adentro se cocina igual de magnífico que hace diez años pero más barato. Viva la caballa de temporada y a la mierda el genuino pez mantequilla.

Del otro lado de la gastronomía, el proceso ha sido el inverso. *El fast food* y la comida precocinada, una vez generalizados en nuestra alimentación, pretenden ahora revestirse de salud (¿suicidio y salud, como decía Cueto?) y de paso fusionarse con la moda gastroguay. Ejemplos hay a mansalva, desde el *Yatekomo Original* (¿original de dónde, o de cuándo?) hasta las pastillas de caldo elaboradas con «gallinas de campo», gallinas que seguro transcurren sus días felices por praderas pintorescas con decenas de mariposas cantando alrededor mientras picotean maíces y oréganos y miran al sol hasta que una mano artesana decide transformar sus carnes, firmes de satisfacción, en cubitos de elixir concentrado. Para su elaboración se introduce un Prudón entero en una olla rodeado de lustrosas hortalizas, se cuece dicha orgía de ingredientes y se empaqueta. O eso muestra la publicidad televisiva. Por no hablar del anuncio de la *Pizza Casa di Mamma* del Dr. Oetker, que es, literalmente, «la pizza como la hacía la mía *mamma*». Oiga: ¿en qué disciplina obtuvo el señor Oetker su doctorado? ¿Es médico? ¿Su madre era italiana y se casó con un bávaro? Porque siempre que Alemania e Italia se han amigado, el mundo ha acabado hecho un cristo. Es un enlace contranatural: los germanos son disciplinados, adustos y estudian todos ingeniería antes de cursar Primaria, mientras que los italianos son italianos. ¿Y de veras Frau Oetker hacía la pizza así: la amasaba, la cubría, la congelaba, y luego la recalentaba mientras obligaba a sus vástagos a tragarla hablando en italiano?

Los alimentos fabriles se pretenden auténticos; los chicles, sanos para la dentadura; y los supermercados del pueblo llano, sibaritas. Lidl ha creado una línea de productos *Deluxe* y el Dia, otra similar llamada *Delizia*. Porque, aunque en crisis, ya tenemos asimilada la alimentación como un hábito que engalana, al igual que lo hacen la ropa de precios telescópicos o el vehículo familiar 4x4 tan imposible de aparcar como de conducir por una pista forestal. Todo, en definitiva, muy divertido. Solo una pregunta, camarero: ¿nos estamos volviendo locos con la comida?

No.

Simplemente, a esta fascinante época, al salto desde la tortilla de pan duro a la tortilla desestructurada —y a la tortilla elaborada con patatas fritas de bolsa que anunciaba Sergi Arola—, le ha faltado algo de reflexión. Porque los españoles, como ya sabemos, no estamos acostumbrados a pensar. Preferimos los mitos. El de lo cómo cocinaban nuestras abuelas o el de cómo hemos convertido la cocina en un arte mayúsculo.

Cómo mantener viva una albahaca

La albahaca es una hierba aromática y comestible en algunas variedades que los griegos e italianos utilizan como aderezo desde hace siglos pero nosotros no tanto, al menos hasta hace unos veinte años o así. También es una planta hijadeputa.

Como ser vivo, la albahaca es muy bonito. Sus hojas nacen delicadas y suaves, de un verde intenso, casi plástico, y conforme crecen se apiñan frondosas, empujándose unas a otras la hermosura. Cuando están maduras se arquean con una languidez breve, justa, que parece tan estudiada como el peinado de un dandi. Una planta muy femenina, en definitiva. Por eso, cuando tocas una albahaca te asoma por los dedos una delicadeza especial, un respeto, de tan frágil que se muestra su apariencia y de tan terso que se comprueba su tacto nada más aproximar la mano, a la que solo con el roce se le impregna de inmediato una fragancia inconfundible.

Patricio, mi amigo gay, bandera multicolor y arcoíris de mi vida, ama las albahacas con desesperación. Porque se le mueren todas.

Patricio compra de todo para su terraza doméstica: tomillo, tomillo limón, romero, cebollino, perejil, tomates pequeñicos, fresas… Y mal que bien, todo le tira, todo le aguanta, las plantas responden a su entusiasmo y le devuelven el cariño carnal que les dedica —cariño de pura caricia y copla— creciendo con matas generosas, flores incipientes, alguna fruta robusta. Aunque en grado irregular, la Naturaleza le premia la dedicación con la supervivencia de su queridísimo tren de macetas.

Pero la albahaca no. Siempre fallece. Es la pobre carbonera en este ferrocarril de perfumes. Da igual dónde la compre, cómo

*la cuide, cuánto la riegue, qué le cante o dónde la recoloque
dentro de la casa, en una mudanza histérica que deberíais ver,
porque mientras mueve cada nuevo esqueje no para de hablarle
desde lo más hondo de su garganta como si en realidad le estuviera buscando un taxi para llevarlo de parto a Urgencias. Pero
invariablemente —ay— las hojas arqueadas de la albahaca
adolescente aparecen una mañana deprimidas en un manojo de
lágrimas. E invariablemente, Patricio se mustia. Durante unos
minutos llora romances sonámbulos que le derriten el ánimo, le
secan la clorofila en las venas y le ahuyentan el —ya de por sí
escaso— aprecio de sus vecinos de patio, hartos de tanto drama
por cuatro malditos hierbajos.*

*Cuando mi horticultor rosa se repone de estos disgus-
tos periódicos, me llama por teléfono rápido, clamándole a la
Madre Flora y maldiciendo al mundo moderno y a la misma
Historia. Porque desde que leyó que esta planta bella «es un
signo de amor en Italia, pero que representaba el odio, la
desgracia y la pobreza en la antigua Grecia», su desesperación
—ese mal que se agarra a la primera explicación que pasa—
le ha convencido de que, si una tras otra se le mueren siempre
las albahacas, no se debe a su incapacidad, a la contamina-
ción urbana o al azar, sino a una maldición arcana originada
por su secular conexión trasera con los amantes invertidos de las
antiguas islas griegas. Eso dice, flipa.*

Y dile tú que no.

*Estas diatribas mariconiles al menos consiguen condensar
su tristeza en indignación, y le despiertan del poema.*

*Entonces, recargado de orgullo, me urge a que me plante
en su casa para hacerme cargo del cadáver botánico ipso facto.
Y yo, obediente Caronte de esta señora que maneja mi barca,
voy. Al llegar, poso el maletín funerario y le siembro un beso
lento en la mejilla, mientras él, trémulos los labios de teatro,
me señala desde el quicio de la puerta el féretro de tierra que*

ha dejado apartado al fondo de la habitación que sea. «Ahí lo tienes», dice, ahogándose.

Me acerco, me acuclillo, inspecciono la Muerte, secciono los miembros que considero que todavía podré aprovechar para su trasplante en un asado, en un estofado o en un pesto, y me levanto. Cierro la mano con los trozos que he amputado, para ocultárselos. Me giro, rodeo con la otra mano el cuello de Patricio, y le abrazo.

—¿Vas a cocinar algo? —me balbucea al oído.

—Claro —le respondo yo, sin saber nunca cómo explicarle, sin podarle el alma, que la mejor forma de mantener viva una albahaca es matándola.

6

Por qué nos hemos tragado que la cocinaes un arte

El fin de siglo en el que España saltó del corrusco a la pasta filo, de la cocina del hambre a la cocina como divertimento y distinción, y de Manuel Vázquez Montalbán a Gastromonguer, desembocó en la entronización de los cocineros como artistas, de la misma forma que sucedió con los arquitectos estrella que sembraron el país de *edificios singulares.* En 1970, el de cocinero era un oficio menor. En 2000 se había convertido en la ocupación más prometedora junto a la de concejal de Urbanismo. ¿Pero de verdad es Ferrán Adrià uno de los mayores artistas españoles contemporáneos? ¿Con su retirada de los fogones hemos perdido a un Picasso? ¿Es Adrià nuestro Calatrava de la cocina —sea lo que sea eso?

Josep Pla define la cocina como «el arte de resucitar un cadáver en lugar de rematarlo». Esta máxima, tan poderosa como para inspirar una vida, no significa que la cocina pueda considerarse un arte per sé, pues si cambiásemos *arte* por *habilidad* funcionaría igual. ¿O no? ¿O la habilidad es una cosa propia de las abuelas?

Para comprender cómo nuestra reflexión culinaria ha pasado de la gula al arte en dos patadas cojamos a los mejores cocineros de la España actual según el consenso internacional: los hermanos Roca, cocinero, pastelero y sumiller máximos (uno de los cuales, por cierto, se parece muchísimo al Phineas de los dibujos animados *Phineas y Ferb*). En 2013, los Roca organizaron una cena supina que constituyó un cénit de la puta gastronomía y cuyo concepto surgió de la siguiente prerrogativa: «Entendemos que también se puede comer cerebralmente, intelectualmente, conceptualmente, artísticamente». Semejante ferrocarril de adverbios trascendentales se tradujo a su vez en la siguiente pretensión: «Crear una sinergia con las nuevas tecnologías, acompañadas de piezas musicales compuestas específicamente, para ligar tanto la imagen visual, como lo que nosotros vamos a dar de comer».

Los Roca quisieron pergeñar un espectáculo absoluto que aspiraba a emular el concepto de arte total de las óperas de Wagner. Prepararon «una primera y única cena», con 12 comensales selectos, 12 platos imposibles, 12 vinos recónditos y con 40 artistas de distintas disciplinas —música, poesía, decoración, videoarte, etcétera— implicados en un convite definitivo. Entre los invitados a este cuadro de Leonardo se encontraban Ferrán Adrià, Miquel Barceló o Harold McGee. Los tres hermanos llamaron a su acontecimiento *El Somni*, que en catalán significa *El Sueño*.

El resultado se puede contemplar en un documental editado por Mediapro que, para un aficionado doméstico al yantar, resulta algo frustrante. De lo que se cocinó y comió apenas se ofrecen detalles. Ni siquiera se especifican los vinos servidos, o el porqué de la elección de los ingredientes del menú. El documental se centra, casi obsesivamente, en «el proceso de creación», en la inquietud que condujo a los Roca a liar una performance de tamaño calibre. A base de insistir en ese discurso, el documental acaba transformándose en la reivindicación tácita de un título nobiliario para un oficio que ha tomado conciencia de su éxito social y que ahora quiere enmarcarlo.

Tiene lógica. En su *Diccionario de las Artes*, Félix de Azúa explica que lo mismo sucedió con el cine o con la arquitectura: «Los empresarios norteamericanos deseaban dar un aire de solemnidad a uno de los negocios más rentables del siglo XX . (…). Querían ganar dinero lo más dignamente posible. Pero una vez ganado el dinero, era inevitable proceder al ennoblecimiento de la mercancía. Exactamente el mismo proceso transformó los talleres artesanales del gótico en estudios para artistas filósofos a partir del Renacimiento».

Sin embargo, a los genios del fogón parece que les da apuro recolocarse ellos mismos en el olimpo al que saben de sobra que han llegado. «Eso de si somos artistas o no es un debate muy aburrido. Somos cocineros, preparamos comida ante todo. Es cierto que cada vez conceptualizamos más, que elaboramos discursos de la comida. Pero al fin y al cabo, estamos dando de comer. Si eso se concibe como arte, mejor, pero no seremos nosotros quienes lo diremos», puntualiza uno de los hermanos en un momento del documental. ¿Falsa humildad? Hombre…, pues claro. Y no porque el propio *Somni*, como idea, desmonte esa disculpa de monje, sino porque acto seguido escuchas a otro Roca decir lo siguiente: «Yo, de esta cena tan especial espero una reflexión sobre los sentidos, sobre dónde estamos antropológicamente; dónde está la cocina desde un punto de vista intelectual; cómo podemos llegar a jugar desde esta vertiente transversal con la creatividad; qué puede quedar de lo que simboliza el arte total con el epicentro de la gastronomía. ¿Estamos capacitados para gozar al máximo de todos los sentidos? ¿Cuál es el límite? Con la cena que haremos, con este sueño, entiendo que tendremos la respuesta».

¿Qué si somos artistas? Coño: hasta el infinito y más allá.

Quienes disfrutamos todos los días con el milagroso acto de comer y beber sabemos, aunque nunca nos lo hayamos planteado, que la cocina puede ser un arte. Su capacidad de emoción y su misterio pueden igualar los de una canción, una película, un edificio, un cuadro, un vestido de Balenciaga o un libro. Es un gozo vivo, fugaz, recurrente, humilde e inefable. Te deja sin palabras. Como me pasa a mí con mi panadera. ¿Ves esa belleza que tenía Natalie Wood, esa perfección de rasgos que te dejaban helado, esos grandes ojos negros que no ocultarían ni unas gafas de sol de plato, que paralizan el aliento? ¿Los ves, dominando el miedo? ¿Y ves además la nariz infantil, la cara dibujada, la piel blanca intocable; ves ese equilibrio entre un millón? Pues así es mi panadera: un calco de la Natalie Wood madura. En realidad no es mi panadera, es la de Patricio, porque es él quien pide el pan cuando lo compramos. Yo no puedo. Entro, dejo que Patricio elija la hogaza mezcla de centeno y de trigo, y miro a Natalie atendernos serena, desde otro planeta donde la tristeza y la alegría se han convertido en nimiedades. Y me arrebato en silencio. Mi panadera de Oviedo es el frágil esplendor sobre la hierba.

Por desgracia, la acumulación de rasgos perfectos no siempre garantiza una cara hermosa —véase la cirugía estética—, como la abundancia de platos no mejora un menú hasta elevarlo a la categoría de los girasoles de Van Gogh. Hay óperas fallidas, como bien sabe José María Cano. *El Somni*, en su búsqueda de la experiencia wagneriana definitiva, encadena una colección de montajes audiovisuales creados específicamente para cada receta, que conforme se sirven las comandas se proyectan en la mesa de los invitados y sobre las paredes. Las imágenes recorren lugares comunes, saltan de la luna a la guerra, o del zodiaco al coito con bastante atropello, intentando armarse a través de un relato mitológico que —al menos en el documental— no se llega a entender. Los mitos funcionan cuando son relatos sencillos. Mezclar recreaciones de fondos marinos con budas gigantes, con el David de Miguel Ángel estallando en pedazos o con constelaciones celestiales que servirían de atrezzo a una teleconsulta astrológica nocturna desencadena una modorra más soporífera que onírica. Su estética final se asemeja más a una toalla de resort que a un museo. La comida debió de ser brutal, eso sí, aunque al espectador se le oculte su esplendor enterrado entre tanta vanguardia audiovisual.

Su problema último, sin embargo, no es que el sueño no resultara hermoso o emocionante, sino que haya contribuido a mantener la imagen de la gastronomía como algo esnob. *El Somni* falla en su punto de partida: concebir el arte como un paraíso al alcance de unos pocos elegidos; entender la comida excepcional como un privilegio de élites. La prueba más palmaria es que fue concebido en 2013, en medio de una terrible recesión económica y social.

Cuenta Milton Glaser en su libro *Diseñador / Ciudadano* que de joven le carcomía la duda de si el diseño era un arte o no. Un día cayó en sus manos la historia del arte de E. H. Gombrich, que comienza así: «No existe realmente el arte. Tan solo hay artistas». «Qué liberación», exclama Glaser, «si no existe el arte, el diseño no puede considerarse arte». Desde entonces, se supo artista sin rubor, independientemente de cómo juzgaran su trabajo, pues descubrió que el falso debate filosófico se reducía en realidad a una cuestión de actitud. Eso, quizá, deberían haber hecho los Roca: reivindicarse ellos mismos porque sí, en lugar de buscar un aplauso ajeno, mundial y presuntamente intelectual. Reconocerse como artistas, en lugar de pretenderse Arte con mayúsculas. «Hola, soy Phineas Roca y hago unos pasteles de cagarte por la pata abajo».

Además, ¿qué hacemos divagando sobre el arte cuando en España todavía no hemos entendido la verdadera dimensión de la comida?

Para tratar de comprender cerebralmente, intelectualmente, conceptualmente, artísticamente, cómo hemos llegado hasta el Sueño de los Roca —y desmontar otra de las atribuciones mitológicas de la puta gastronomía—, podemos condensar la evolución de la cocina moderna en tres capítulos.

Primer episodio. En 1902, Georges Auguste Escoffier publica *La Guía Culinaria*, un recetario enciclopédico que actualiza la comida popular y establece las técnicas del guiso contemporáneo. Se asienta sobre la extracción máxima del sabor: el fondo, que aquí llamamos caldo. Este caldo, sustanciado a partir de huesos, carne y grasas sometidos durante largas horas de fuego, sirve de base para salsas, sopas, estofados y asados a los que, a su vez, Escoffier ajusta tiempos, ingredientes y temperaturas. Su manual de mantequillas y salsas espesadas con harina dirige la alta cocina durante más de un siglo, sin que nadie le menee al maestro francés ni uno solo de los pelos de su abundante bigote cano.

Segundo episodio. Hacia 1970, Paul Bocuse, Michel Guérard y los hermanos Troisgros revisan el libraco de Escoffier tomándose un Burdeos y deciden aligerar su mantecosa filosofía. La «nueva cocina» pretende ser fresca además de sabrosa, más liviana —y por ende sana—, más regional y sobre todo, elegante. De la bandeja y la salsera se pasa al plato individual decorado, y de las raciones de pastor, al bocado, a la degustación de paladar. En España, nación siempre cosmopolita, la *Nouvelle Cuisine*, adoptada con fervor por los pioneros vascos, se rebautiza entre el pueblo llano como «cocina de mariconadas». Ólei, arsa, arriquitáun.

Tercer episodio. En 1990, un hombre de hablar atropellado y difícil peinar llamado Ferrán Adrià visita a los mejores discípulos de la *Nouvelle Cuisine*, Michel Bras y Pierre Gagnaire, y experimenta una epifanía palatina. «¿Por qué me persigues, Ferrán?», dicen que le clama una voz desde las nubes, tirándole del borrico. Cuando regresa a su pueblo, Adrià se enfrasca en aplicar tecnología vanguardista a los alimentos, en plan profesor Bacterio, con la ambición de crear nuevas texturas y sabores. El pelo se le altera todavía más.

Los descubrimientos del laboratorio de Adrià, desde el sifón hasta la esferificación de recetas en bolicas, se solapan entonces con una globalización mundial que acerca cualquier ingrediente a la mesa del chef, por lejano que sea su origen. El resultado: una cocina asombrosa, irrepetible fuera del restaurante y que transforma los negocios de lujo. Ahora requieren químicos e ingenieros, cuyas aportaciones introducen la gastronomía en otra época, en el siglo XXI.

Pero entretanto, ¿qué ha pasado con la alimentación en ese cambio de centuria? Pues quitando el nimio detalle de que la mitad del mundo se muere de hambre, algo parecido. La industria ha alcanzado también una tecnificación absoluta que abarca todo el proceso de avituallamiento, desde las semillas hasta el consumo último del plato elaborado. Hoy se puede comprar cualquier receta, no ya preparada en una fábrica, sino planificada genéticamente desde el campo para mejorar su productividad. Eso en casa. Afuera, los restaurantes urbanos de última generación despachan platos denominados de «quinta gama», es decir, recetas sofisticadas envasadas en fábrica y listas para calentar y servir, ya sean croquetas de boletus y ortigas, baos rellenos de cerdo con salsa de pimienta de Sichuán o perdices asadas a baja temperatura con puré de castañas silvestres. Abres el paquete, metes al microondas, añades cuatro pinceladas del bote de salsa reducida y listo: 18 euros la ración. No necesitas ni un cocinero para montar el negocio.

Algo paradójico en una sociedad que endiosa al chef, ¿no?

Los cocineros Davide Cassi y Ettore Bocchia sostienen en *La ciencia en los fogones*, el libro escrito a medias sobre la historia de la cocina molecular italiana, que «la mirada científica sobre la cocina, lejos de ser una atadura de la creatividad, abre nuevos horizontes y nuevas posibilidades. Si sé por qué una cosa sucede, entonces sé cómo realizarla, y puedo decidir si hacerla o no hacerla según me convenga. Pero si no sé el porqué de los fenómenos que suceden entre los fogones, estaré siempre atado a la cruel experiencia, tendré que basarme solo en la tradición que me han transmitido y probar y probar a ciegas cada vez que desee aportar un pequeño cambio».

Ahí reside el debate culinario de nuestro tiempo: en la ciencia, no en el arte. La cocina molecular que inició Adrià, y que han continuado luego Heston Blumenthal y otros gafapastas, atesora ya una ingente cantidad de técnicas de transformación inimaginables para el bigotudo Escoffier y su básica triada de hervir-asar-freír, si acaso fermentar. Los restaurantes de postín funcionan como laboratorios, con decenas de becarios (normalmente malpagados) operando en una cadena de producción, mientras que los restaurantes modestos se proveen de sus inventos, de la aplicación mercantil de sus formidables ingenierías, producidas por las mismas multinacionales que fabrican los productos envasados para los supermercados.

Entonces, ¿por qué los cocineros no opinan abiertamente sobre lo fundamental de su oficio? Sobre los *polvos mágicos* y aparejos que utilizan, sobre los transgénicos, sobre la comida industrial, si un melocotón modificado en su ADN es en sí mismo maligno, si podrían vivir sin lecitina de soja o si la ciencia podría alimentar en un futuro próximo a los miserables del planeta. ¿Por qué solo hablan de arte, de tradición o de sus abuelas? ¿No hay aquí mucho ego, y hasta algo de remordimiento? ¿Es normal que entres en Twitter y te encuentres al artista Adrià preguntando al aire: *«El tomate, ¿es un producto natural o es una realidad imaginaria que queremos creer?»*.

¿Por qué no hablas sobre la comida industrial, Ferran Jodorowsky? «¿Cómo es posible que anunciases unas patatas fritas que pertenecen al gran conglomerado PepsiCo?», le preguntaba Santamaría a su paisano en el mismo libro donde cuestionaba que «hoy la fama del cocinero pesa más que los contenidos de su propuesta». Porque, para el fallecido catalán, la creciente vanidad de sus colegas aparcaba la responsabilidad fundamental del chef moderno: «Difundir y promover programas y pedagogías que nos permitan tener una restauración y una hostelería de referencia». Educar, vaya.

Sin una educación gastronómica que comience por la escuela, sin cocineros que reflexionen sobre su oficio con algo de sensatez y humildad, sin intelectuales a la altura de la ciencia culinaria moderna y acostumbrados en nuestro ADN nacional a acatar el dogma de quienes se apesebran junto al poder, junto al chef famoso de temporada, se lo hemos puesto muy fácil «a esos coleccionistas que creen que cuantos más restaurantes conocen, más entienden de cocina», en palabras de Santamaría, para que al estallar en España la moda de la gastronomía se erigieran como únicos pontífices del buen comer. Del arte de comer, que al parecer no tiene nada que ver con la alimentación. Y no digamos ya cuando se trata del arte de beber.

Un brindis al azar

Joseph Roth (1894-1939) nació en Ucrania y fue oficial del imperio austrohúngaro en la Primera Guerra Mundial, periodista y novelista.

Nació en la región de Galitzia, fronteriza con Rusia, y se crió sin el paraguas afectivo de una familia próxima pues su padre abandonó el hogar antes de nacer Joseph. Su infancia la cuidaron distintos parientes, convirtiendo sus noches en algo extraño, deduzco.

Ya mayor y escritor, y con el imperio austrohúngaro disgregado, Joseph, que vivía en Alemania, vio cómo los nazis ocupaban el poder y el cielo se oscurecía. Tuvo que emigrar porque sus libros fueron señalados para alimentar la hoguera de insensatez que acabó encendiendo una segunda gran guerra por Europa. Joseph, que había nacido sin hogar natal, inició entonces un éxodo exterior por países y hoteles, escribiendo artículos y capítulos en cafés de ninguna parte, entre botellas de vino y vasos de absenta.

Seguro que a ratos fue feliz y otros desdichado. Que vivió una buena colección de peripecias, que el amor le hizo daño, que otras veces le encumbró. Que tuvo amigos. Que ganó dinero y lo gastó, en un ciclo que nunca acabó de entender del todo. Que se lamentó por envejecer, pero que a cambio agradeció que la edad le consiguiera mejores conversaciones consigo mismo, a costa del humor negro que te va descubriendo el mundo conforme dejas de comportarte como su eje principal. Seguro que vivió días memorables y otros que fueron un etcétera.

Pero en sus cuarenta y pocos años de vida, Joseph Roth nunca pudo imaginar, ni por asomo, ni en sus más intensos desvaríos producidos por la absenta, que un día yo llegaría a comprar uno de sus libros creyendo que compraba un libro de Philip Roth.

Entré en una librería a matar un rato muerto (expresión que no acabo de entender muy bien) y, según una costumbre personal, fui hasta la sección de novela, elegí una letra al azar y repasé su correspondiente estantería esperando descubrir un autor conocido al que echara de menos sin saberlo, u otro del que me gustara su apellido. Ese día elegí la letra R y frené la búsqueda en seco al toparme con Roth.

Estuve casi diez minutos agachado (la R de la narrativa extranjera caía en una balda inferior), y acabé por despertar las sospechas de un dependiente que entre bostezos colocaba títulos en la sección de Autoayuda. O quizá desperté su curiosidad, por verme ahí acuclillado como un chimpancé despiojándose la soledad.

Dudaba entre tres obras con títulos sugerentes por igual. Cuando mis riñones iniciaron una protesta brusca y legítima, me decidí por La leyenda del Santo Bebedor, *un cuentecillo que añadía a su favor tener menos de cien páginas. Molan esos libros delgados, tanto que apenas se les lee el canto, que al abrirlos tienes la sensación de que faltan páginas porque se han caído.*

En la caja, la dependienta que me cobró me dijo ufana:

—Lo acabo de leer.

—Pues espero que esté bien —contesté, devolviéndole la sonrisa que me había concedido sin tener por qué. Me gusta mantener ese tenis social. Es justo y necesario.

—Sí, me ha gustado mucho. Pero no te leas el prólogo antes —me recomendó, negándole al susodicho prólogo su más esencial condición.

—La verdad es que no suelo hacerlo —dije, porque

en efecto es así, siempre te destripan algo o te predisponen la lectura o tengo tantas ganas de leerme el libro que me los salto.

Salí del comercio encantado. Hasta la ilustración de la portada era una chulada.

Entonces me fijé en que el autor del librillo no era Philip, sino Joseph Roth.

Pero hete aquí que el azar me descubrió un escritor fabuloso y una fábula magnífica, un libro sobre el azar y el alcohol como transformadores de vida, más que como demonios mortales del ser. Un relato sencillo de escritura delicada y publicado de forma póstuma, que sugiere una condición íntima del autor, como si fuera un resumen cifrado que para sí mismo se hiciera de todos sus días el bueno de Joseph cuando, apostado de madrugada al fondo del café con las manos cansadas de tinta y ajenjo, viera aproximarse el impepinable final.

«Se trata de cómo el vino transforma el mundo, cambia sus leyes, todas, incluso la virtud de los santos, para hacerlo habitable y grato a los que creen en él. Se trata de cómo el vino santifica, en cierto modo diviniza, cambiando el ser del mundo por su haber debido ser», dice Carlos Barral en el prólogo sobre el que me advirtió la dependienta.

En mi mundo, tan destartalado como cualquiera, aquel día debió haber sido Philip quien me acompañara. Pero por fortuna, fue Joseph.

7

Por qué el Rioja no es el gran vino español

Elegid los libros al azar y el vino, por la etiqueta. Porque os guste o porque os suene de algo. Apreciad también la forma de la botella, cogedla con las manos y sobadla tranquilamente, mmm… es un tacto sin par. Yo además las alzo, y las miro a contraluz cerrando un ojo. Me gusta ese gesto. Luego las pego a mi mejilla derecha, y si el fresquico me hace reír, las adquiero sin dudarlo depositándolas ante la caja con la determinación de un ministro. En algunas vinaterías me han prohibido entrar y en otras me hablan muy, muy despacio. Pero no me importa, también busco cada poco nuevas tiendas, soy un arqueólogo global. Por esa razón me encantó que aquel restaurante donde discutí con Gastromonguer careciera de carta de vinos, animándote a llevar el tuyo: porque tras esa decisión —que supone renunciar a una importante fuente de ingresos— se encontraba el hartazgo del cocinero ante nuestro principal esnobismo. Prescindir de la carta de vinos, por el contrario, te invitaba a descorchar a tu gusto.

Si careces de una recomendación personal, de un amigo, un tendero o un crítico de confianza, cualquier otro criterio para elegir un vino que no sea la etiqueta, o el capricho, yerra. Con el vino no sirve la razón ni mucho menos la jerga que se manejan los expertos del beber. Taninos, odas a la caliza, recuerdos de bollería, retrogustos de madera, olor a tierra mojada (¿mojada por qué?) y frutos rojos, muchos frutos rojos, a cascoporro frutos rojos, venga moras y zarzamoras a todas horas llora que llora. Alguien debería inventar un nuevo lenguaje para describirnos a la gente normal el vino, cuyos rincones de sensaciones son bastante más panorámicos que los que encierra una caja de aromas profesional. ¿Tú te enteras de algo en los suplementos dominicales, en las revistas, en las guías tochas de marcas o señores prestigiados? Porque todos escriben igual, manejan las mismas dos docenas de términos para reseñarte un tinto o un blanco, sea de 10 o de 50 euros. Al cabo de varias reseñas consecutivas se te cierra la boca y te asoma cierta sensación de idiocia, de que eres tonto, menos cultivado que una vid de las que alaban esos sabios entre palabros canónicos que únicamente te despiertan confusión. Y eso suele cabrear.

Yo entiendo las sensaciones básicas de una copa, pero necesito más imaginación en una crítica, una impresión personal, un *entusiasmo* que me anime a comprar esa marca, un empeño por parte de quien transmite en lugar de un esfuerzo mío como público. Y sobre todo, que no me traten como a un lerdo. Más fácil: ¿si tuvieras que escoger entre dos libros titulados *Saber de vino en tres horas* o *Permítame que le hable sobre el vino*, ¿cuál te llevarías a casa? Tengo los dos y en el cotejo de sus contenidos gana por goleada el que, en lugar de fardar, pide permiso: una guía completa y didáctica escrita con sencillez por Oz Clarke. Hasta el momento no he encontrado una introducción a esta afición que supere la del maestro inglés, quien no se atribuye un pijo de importancia en su detallada exposición de las principales variedades, zonas y elaboraciones vinícolas que existen en nuestro planeta. Si añades el *Manual del santo bebedor*, de Carlos Delgado (cuyo título encierra un homenaje a Joseph Roth), ya no necesitas ampliar tu estantería con otra cosa que no sean copas, sacacorchos y botellas. Muchas botellas.

El vino, entronizado como el sumun del arte gastronómico, es una de las seis bebidas revolucionarias que utiliza Tom Standage en su ensayo *La historia del mundo en seis tragos* para hilvanar el progreso humano: la cerveza en Mesopotamia y en Egipto; el vino en Grecia y en Roma; los licores en el Periodo Colonial; el café en la Edad de la Razón; el té en el Imperio Británico, y la Coca-Cola durante el auge de los Estados Unidos. Cinco de esos seis inventos líquidos comparten una cualidad: al ingerirlos alteran nuestro estado de ánimo, aportan sustancias a nuestro organismo capaces de cambiarnos el humor. Solo el té no nos droga en alguna medida, o no excesiva. La OMS tampoco considera la cafeína una sustancia adictiva, pero bueno, allá ellos, quizá la máquina de café de sus oficinas no dispensa petróleo sino un elixir relajante y por eso funcionan descompasados con su década.

La Coca-Cola debe a su nombre a que la fórmula original contenía eso, cocaína y granos de cola, aunque la empresa niegue dicho origen en su fórmula todavía secreta. Mark Pendergrast sostiene en *Dios, patria y Coca-Cola* que John Pemberton, el farmacéutico fundador, quien creó lo que al principio se vendía como un vino medicinal, «tenía una razón fundamental en su interés por la coca como una cura para la adicción a la morfina: probablemente utilizara el vino de coca en un intento de combatir su propia adicción». En 1885, Pemberton supuestamente le dijo a un periodista: «Estoy persuadido, a raíz de los experimentos actuales, de que la coca es el mejor sustituto para el opio… Esto siempre se debe de investigar con un adicto al opio. La coca ocupa el lugar de esa droga, y el paciente que la utiliza como un recurso de curación puede liberarse del hábito pernicioso, sin dolor ni mayores inconvenientes». Vaya crac el boticario.

El vino, como la Coca-Cola original o como la sidra, también es una droga, pues contiene alcohol suficiente como para abrazarnos a hombres o a farolas impelidos por su espíritu alegre. Por esa razón, a lo largo de la historia ha sido prohibido y alabado:

Hombres, ¡a mí qué me importan
las espadas o los combates!
Yo sólo sigo a una estrella:
la del placer y la música.
En mí no confiéis,
pues soy de aquellos que rehúyen
encontronazos y embates.
Cuando veo al enemigo
salto sobre el potrillo
con las riendas colocadas
por el lado de la cola.
No sé cómo es un arnés,
ni un broquel, ni un alfanje.
Todo mi afán es saber,
cuando sus guerras estallan,
por qué camino escapar.
Si de juergas se tratara,
de beber vino sin mácula
o de pasarme la noche
junto a vírgenes luciendo
sus vestidos de luto negro
me veríais con razón
como el héroe de los árabes.

Así se expresa el gran libador Abu Nuwás en uno de los poemas que recopila el libro *Cantar al vino*, más viejo que el catarro pero editado en 2010. Nuwás, hedonista de turbante, nació a mediados del 700 después de Cristo y murió entre el 812 y el 815, «no se sabe si en la cárcel, en una taberna o a manos de un enemigo», a tenor de la biografía que acompaña dicha recopilación. Yo he decidido creer que murió en una taberna, absolutamente piojo de felicidad. En estos turbulentos tiempos de yihad no viene mal recordar que uno de los principales trovadores de esta bebida fundamental era un árabe que solía enamorarse de sus bellos coperos y al que «su libertinaje explícito, la manifiesta desobediencia política y religiosa, el escarnio que hizo de los árabes y de su cultura más tradicional, le concedieron una gran popularidad que llega hasta nuestros días». Brindemos por él. Porque el Corán prohíbe tajantemente el consumo de alcohol. Al parecer, Mahoma movía montañas pero despreciaba sus plantas; era un profeta de mudanzas. «Según la tradición —cuenta Standage—, la proscripción del alcohol por parte de Mahoma fue fruto de una pelea de sus discípulos durante una fiesta con bebida. Cuando el profeta buscó la orientación divina sobre cómo evitar semejantes incidentes, la respuesta de Alá fue tajante: "El vino y los juegos de azar (…) no son sino abominación y obra del Demonio. ¡Evitadlos pues!"»

Jesucristo prefirió proceder de otra manera ante un conflicto parecido —quizá empujado por las circunstancias— y se hizo profeta de trasiegos. Su primer milagro fue la transformación de seis tinajas de agua en vino durante una boda. Y desde entonces no paró: fundamentó muchas de sus parábolas en el vino, se comparó con la vid, bautizó a sus discípulos como sus sarmientos y, llegado el final, instituyó en la Última Cena la asociación de su carne y su sangre con el pan y con el vino. «Se trata, en muchos aspectos, de una continuación de la tradición establecida por los cultos a Dionisio y su encarnación romana, Baco», ahonda Standage. «Como Cristo, los dioses del vino griego y romano estaban relacionados con milagros de elaboración del vino y resurrección después de la muerte; sus seguidores, como los seguidores cristianos, consideraban el consumo de vino una modalidad de comunión sagrada. Aún así, existen acusadas diferencias. El ritual cristiano no tiene nada que ver con su equivalente dionisíaco, y allí donde el primero requiere dosis muy pequeñas de vino, el segundo exige grandes cantidades». Mahoma prohibió el vino y Jesucristo lo dosificó.

Ambas religiones tuvieron que convivir cuando los árabes ocuparon la península ibérica en la Edad Media. Los conquistadores africanos se encontraron, amén de una pila de iglesias claustrofóbicas, un cultivo de la vid extendido por todo el territorio desde la época romana que había constituido un importante negocio merced a su mercadeo internacional, especialmente en Jerez, bautizada Ceret en latín y que los musulmanes renombraron como Šcriš. O Sherish, para los ingleses: «Sherish se mantuvo como un importante centro de elaboración de vinos, a pesar de la prohibición coránica, bajo la excusa de la producción de pasas y la obtención de alcohol con fines medicinales —como la Coca-Cola original, vaya—. En el 966, durante el califato de Alhakén II, a instancias de Almanzor, se decidió arrancar los viñedos jerezanos por motivos religiosos, pero la oposición local consiguió que solo se arrancara un tercio del mismo. En el siglo XII, los vinos de Sherish ya eran exportados y apreciados en Inglaterra, pasando a ser conocidos allí como Sherry».

Estos últimos entrecomillados podéis encontrarlos en la siempre competente Wikipedia. Los traigo a colación, junto a los cuentos religiosos, para inventar una historia del vino español contemporáneo. Porque nada como la evolución del vino demuestra mejor la alternancia arte-ciencia enmascarada por la puta gastronomía. Y porque nuestro querido e histérico país, aquel que se resistió al mismísimo Alá cuando intentó restringirle el morapio, es actualmente un paraíso por su oferta, calidad y precios. Sin embargo, para construir semejante edén vinícola hemos necesitado un poco de justificación divina, algo de ayuda extranjera y domeñar esta querencia tan nuestra a emperejilarnos como los más listos del corral.

En el siglo XIII empezamos a intercambiar con los ingleses lanas por vinos jerezanos, creando en el Reino Unido una afición que se perpetuaría, y aquí, un comercio portuario próspero, que aumentó sobremanera a partir del despistado hallazgo de Cristóbal Colón. Para que los vinos aguantasen transportes tan largos, fuese a la Gran Bretaña o luego a las Américas, los bodegueros jerezanos empezaron a fortificarlos, es decir, a añadirles brandy u otros alcoholes en la fermentación, lo que de aquélla se consideraba un sacrilegio. El truco, lógicamente, incrementaba el margen de beneficios de los distribuidores, ya que mantenía la robustez de los caldos durante meses a costa de adulterar su sabor original. En el siglo XIX, sin embargo, la trampa se transformó en proceso reglado por la administración: se instauró el sistema de criaderas y soleras —básicamente, el trasiego de vinos de diferentes añadas y envejecimientos— que cambiaría por completo la enología de Jerez y la convertiría en única en el mundo.

Así que el gran vino español, por singularidad, historia, aprecio internacional y exclusividad, ha sido y continúa siendo el vino generoso de Jerez. Si sois aficionados a las banderas y os gusta sacar pecho palomo patriótico, brindad con un oloroso, no con un Rioja —en seguida explicamos por qué.

Los franceses —nuestro espejo— brindan con champán porque ese vino estrellado es uno de sus orgullos nacionales. A finales del siglo XVII, cuando aquí se fortificaban los jereces con trapacerías, allí «la competencia entre regiones vinícolas resultó decisiva para la mejora e innovación del vino», según relata Carlos Delgado en su *Manual del santo bebedor*. Precisamente un protosanto, un monje llamado Pierre Pérignon, intentó superar a los Borgoña a base de observación, deducción, prueba y error; o sea de ciencia.

Este benedictino, que hacía de bodeguero en un monasterio de Champagne y en consecuencia, de hombre de negocios de la casa, investigó cómo mejorar la calidad de su vino para aumentar los beneficios. Excavó bodegas subterráneas donde las bajas temperaturas permitían maduraciones más lentas, elaboró un vino de color rojo cuando la mayoría eran rosados o grises, descubrió cómo hacer blancos a partir de uvas negras y se convirtió en un experto en el arte de mezclar. No contento con eso, quiso vigorizar el vino blanco, y entonces se le ocurrió propiciarle una segunda fermentación una vez descansaba dentro de la botella. Para que la botella aguantase la presión de esta segunda fermentación, sustituyó los habituales cierres de cáñamo empapados en aceite, que no lograban encapsular por completo el gas, por corchos, cuyo uso había observado en las cantimploras de algunos monjes españoles. Y voilà: el corcho funcionó. Aunque no así el primer cristal: una botella le estalló en plena cara y dejó al inventor del champán ciego cual Ray Charles.

La leyenda de Pérignon ocupa uno de los mejores capítulos de la novela gráfica *Baco*, de Eddie Campbell, un tebeo que imagina la vida de la deidad del desenfreno desde su nacimiento en el Olimpo hasta la actualidad. Quizá el dios Baco, en sus andanzas mundanas, pasase por Andalucía para sugerirles el ardid de la solera a los jerezanos entre susurros de pámpanos, pero desde luego no lo hizo por el resto de España, que siguió apañando el vino a la antigua usanza hasta mediados del siglo XIX. En la península se producían vinos por doquier, cada cual de su padre y de su madre, pero elaborados todos bajo procedimientos parecidos, antiquísimos e invariables. Algunas regiones habían disfrutado de fama durante siglos, caso de Tarragona, pero hacia 1850 ninguno había alcanzado el carisma del Jerez.

Entonces, a mediados del siglo XIX apareció en Europa un insecto proveniente de América que arrasó la vid: la filoxera. El parásito se cebó primero en la orgullosa Francia de los Burdeos, los Borgoñas y el Champagne. El bicharraco arrasó toda cepa que atisbó a su paso sin que al principio se encontrara defensa alguna para combatirlo, y dejó a los galos impotentes, con su flamante negocio agrícola convertido en un erial. De repente, no había uva. Millones de cepas centenarias se habían consumido bajo el voraz apetito del maldito pulgón. Miles de sumillers sintieron que sus gónadas se agostaban y se convertían en sendos tapones de corcho.

¿Qué hicieron? Pues bajarse a España, Pepe, que era pródiga en viñedos aunque los manipularan de una forma más arcaica, y donde la filoxera no se había extendido aún. A toda leche, «algunos vinicultores franceses cruzaron los Pirineos a La Rioja, Navarra y Cataluña, trayendo consigo sus variedades de uva, maquinaria y métodos, entre los que destacaban la disposición de las cepas, el control de la fermentación o el sulfitado». Es decir, que los franceses, al poco de intentar conquistarnos por las malas, regresaron por las buenas y enseñaron a nuestros antepasados cimarrones a producir vino de marqués. Esto es: moderno, mimado desde la tierra y perfeccionado en bodega mediante la química, las máquinas y las barricas adecuadas. Embotellado en condiciones y con una etiqueta bonita luciendo una dignidad merecida. «No nos engañemos, cualquier vino pasado fue peor. En el siglo XIX, gracias a los trabajos de Luis Pasteur, inventor de la pasteurización, se crea el nexo de unión entre vino y ciencia. Sus investigaciones sobre los procesos de fermentación, y las transformaciones microbianas del vino, resultarán básicas para el posterior desarrollo de la industria vinícola y la moderna ciencia enológica», cuenta el insigne Carlos Delgado, profesor de profesores, en su *Manual del santo bebedor*.

Lógicamente, los franceses eligieron las zonas prometedoras de la península por la calidad de sus uvas, por el suelo para plantar ante la plaga que se avecinaba y por la tradición vinícola. Y también por cercanía, que ahorra costes, lo cual transformó La Rioja en un establecimiento fenomenal que, de sopetón, recibió un marchamo de calidad internacional bastante superior al que atesoraba. De domingo a lunes, un Rioja se podía emparentar, por derecho, con un Burdeos, cuyos maestros vinateros operaban ahora en Logroño.

La filoxera, entretanto, seguía zampando y descendiendo en el mapa conforme arruinaba retoños de Baco. En La Rioja aterrizó como plaga hacia el 1900. Por fortuna, las investigaciones ya estaban lo suficientemente avanzadas y la incipiente industria apadrinada por nuestros vecinos del Norte pudo sobrevivir con el denominado injerto de pie americano —viñas procedentes de la Costa Este Norteamericana, que había resistido al parásito— en las nuevas plantaciones. Las viejas viñas se perdieron en su mayoría, pero nos quedó el conocimiento de la Ilustración para impulsarnos desde un trampolín espléndido. Y así, los marquesados españoles empezaron a florecer. Luis Murrieta, por ejemplo, recibió dicho título del rey Amadeo I por su ejemplar elaboración de vinos. En Cataluña se inventaron el cava en 1860 copiando el método del abad invidente y usando al principio las mismas variedades de uva que en Champagne. Por eso nuestras navidades salen más baratas. Hacia 1920, hasta aprobamos las primeras denominaciones de origen, imitando nuevamente la organización francesa.

Sin embargo, España seguía siendo España. Carecíamos de clase media, ya saben, y la pobreza de la población fomentaba el nepotismo, la piratería y el embuste en cualquier actividad comercial. Por ambas razones, nuestro consumo de vino permanecía en el granel, lógicamente más barato y más fácil de adulterar antes de su despacho en la tienda o el mesón. Solo los ricos se permitían vinos embotellados que garantizaban su calidad, porque habían disfrutado de una fermentación alcohólica sin trampa y después, en la barrica, de una segunda fermentación maloláctica, la que aporta finura al caldo. La famosa malla de alambre que envuelve el Viña Tondonia de las Bodegas López de Heredia —bodega auspiciada por los franceses en 1877— se implantó para evitar que durante el transporte los arrieros descorcharan la mercancía, se la bebieran y la rellenaran con lo primero que pillasen. Reencajaban luego el corcho y aquí paz y después gloria. Somos la bomba.

Entonces llegó la guerra, una de esas entrañables expresiones de la naturaleza humana, que devastó primero España y después el planeta. Nosotros, lamentablemente, tardamos más en recuperarnos, en crecer durante las décadas posteriores, pues nos gobernaba un enano iluminado por la mediocridad.

A finales de 1950, la mayoría de los españolitos seguían comprando el vino en colmados adonde acudían con sus garrafas para aprovisionarse, de la misma forma que en los bares se servían vinos genéricos desde toneles apilados detrás o debajo de las barras, o en las fresqueras del local. Ese vino de pobres, por supuesto, se aguaba y se disfrazaba con toda suerte de aderezos para camuflar sus defectos y estirar los beneficios de un producto que no es sino un ser vivo —un cadáver resucitado— con los días contados tras su fermentación. Se necesita una artesanía sabia, un embotellado correcto y una conservación en condiciones de museo para que el líquido embalsamado envejezca durante océanos de tiempo y mejore.

Para beber en botella había pues que pertenecer a los pudientes. No es de extrañar que, cuando en los años sesenta se constituyó la Sociedad Anónima Vinícola del Norte, el barato vino Savin que empezó a comercializar, embotellado bajo su acrónimo, se convirtiera ipso facto en el vino más popular de España, en el primer *vino de mesa*, en el *vino de los domingos*. Empezaba la democratización.

Con el desarrollismo, la Transición y la entrada en el Mercado Común, las denominaciones de origen aumentaron y se extendieron, dejando, sin embargo, otra historia muy cachonda.

El primer objetivo de las denominaciones fue atajar la malicia de quienes vendían gato por liebre. Obligaron a utilizar determinadas uvas, imponiendo criterios estrictos en el cultivo y en su tratamiento para poder luego lucir la etiqueta correspondiente, normalmente acotada a una zona geográfica —excepto el cava, que se puede hacer en cualquier lado—. La categorización de los vinos, compartida por todas las D.O., respondió a esa concepción antigua de que cuanto más viejo, mejor: vino joven si no había pasado por barrica; crianza si se había alojado en maderas durante al menos seis meses; reserva si había superado el año, y gran reserva si te podía contar batallitas púnicas al descorcharlo. Los clientes empezamos a pedir un vino de la casa o, si había que pagarle la ronda al jefe o celebrar un bautizo, pues un crianza de Rioja o reserva de Ribera. Hasta nos aprendimos lo del Albariño y el Rueda para los blancos, convencidos de que la simple localización significaba calidad. Y al principio sí.

Pero luego ya no tanto.

Porque con la pasta de la UE, las denominaciones se agigantaron en instituciones que manejaban millones en subvenciones y que ya agrupaban a importantes emporios. Donde, de nuevo, erre que erre, aparecieron unos cuantos listos: «¿Para qué esperar dos años a comercializar un reserva si mojándolo en un saco de virutas de roble durante unas semanas le queda un sabor parecido? Tú pones esto en una boda o en una cesta de Navidad de la empresa y a ver quién va a notar que no ha pasado por una barrica. Si total, sabe a madera, ¿no?»

A los presidentes autonómicos les encantó eso de hacer bandera local con un símbolo tan fervoroso como el vino. Mientras reclamaban universidades, polígonos y transferencias de servicios básicos, apoyaron con denuedo a las denominaciones vinícolas, cuya vigilancia cualitativa empezaba sin embargo a despertar sospechas. De repente, todas las cosechas anuales empezaron a ser calificadas por los jurados como Buenas, Muy Buenas o Excelentes. No salía una mala ni aunque granizara en pleno septiembre. Pero luego te ibas de pinchos por la calle Laurel de Logroño y la mitad de los Riojas que te servían de chateo te dejaban el gaznate como el felpudo de la Cocina Económica. Además, las denominaciones decidieron atribuirse segundos apellidos —Protegida, Controlada, Calificada—, lo que aumentó la confusión del consumidor. Por remate, los críticos, en lugar de analizar los gustos populares, mantenían el mito de que «saber de vinos» era un estadio sobrehumano del placer al que solo podían ascender unos pocos privilegiados. Y eso ya sabemos que es falso.

Curiosamente, tuvo que venir un marqués para subrayarnos la mentira. Carlos Falcó y Fernández de Córdova, para la mayoría de la población segundo marido de María Isabel Preysler Arrastia, la Geisha de España, estudió ingeniería agrónoma y viticultura en Bélgica y en California. Le gustaba el campo y había heredado tierras abundantes. Concebía el vino con una mente abierta y confiaba en la tecnología. Así que a mediados de los años setenta, cuando la industria empezaba todavía a sopesar las ventajas del acero inoxidable, Carlos Falcó inició su carrera de viticultor con imaginación, coraje y una cuenta bancaria adecuada a su título.

Cuando empezó, «el cultivo del vino se diferenciaba poco de los procedimientos empleados hace 7 000 años en las montañas Zagros (Irán) para abastecer a las antiguas ciudades de Mesopotamia», según retrata en su libro *Oleum*.

«Pretender cambiar esas prácticas milenarias, avaladas por cientos de generaciones de hombres y mujeres que originaron lo que hoy llamamos cultura occidental era, en el mejor de los casos, utópico, y en el peor, pretencioso e irrealizable». Pero lo hizo. Fue el primero en plantar variedades foráneas —Cabernet Sauvignon, Syrah, Petit Verdot—, en establecer riegos por goteo, espalderas o controles de *estrés* en las vides, en construir naves climatizadas para la crianza, en elaborar vinos monovarietales raros y, en general, en funcionar bajo sus propias normas para fabricar el vino como le diera la real gana.

Lógicamente, el exótico Falcó no encajaba en las anticuadas denominaciones. Así que, como buen marqués, se las agenció para recibir una denominación propia. Su Pago de Valdepusa recibió en el año 2000 la primera Denominación de Origen Controlada para un terreno concreto, no para una zona. En ese terreno, no habría otras reglas que las de su propietario. Griñón Rules.

Falcó, con su Denominación de Pago, abrió una fisura en un sistema caduco y los productores, poco a poco, empezaron a escapar. Las D.O. intentaron responder con un gesto democrático, permitiendo los Robles, esos vinos con menos de seis meses de barrica que no alcanzaban la categoría de Crianza. Luego llegó la maceración carbónica, que confería carácter a la botella sin tocar madera en la fermentación. Lógicamente, estos vinos *intermedios* se podían vender más baratos, pues con la tecnología se reducían costes y además se acortaban los tiempos para su salida al mercado. Chile, Australia y otros países emergían como una competencia internacional pujante. El Priorat catalán empezaba a caminar a su aire.

A mediados de los años dosmil, los restaurantes y comercios de España ya despachaban vinos distintos al Rioja de siempre. Vinos asequibles que descubrían nuevos sabores y zonas al aficionado común, vinos con mezclas arriesgadas de uva, vinos de la Tierra de Castilla —exiliados de la denominación Ribera del Duero— y vinos de pago por doquier —Pago de los Capellanes, por ejemplo, tan de moda en su día entre los prósperos constructores—. Y en estas estábamos, camino de la libertad y la democratización total, cuando apareció Parker.

Robert McDowell Parker Jr., director de la revista *The Wine Advocate*, es el crítico de vino más famoso del mundo. A finales de los años 2000, cuando su nombre ya era alabado en Estados Unidos y Francia, empezó a puntuar con generosidad vinos españoles que no se encontraban entre los más apreciados por nuestros críticos y nuestro público, y nos puso la vid patas arriba. Sus valoraciones nos enfrentaron a un espejo extranjero donde los más guapos no eran los más poderosos, sino vinos modestos de Borja, de Jumilla, de Mallorca o por supuesto de Jerez. Parker, además de mercado, nos abrió los ojos a un mundo sin complejos. Los pequeños, fueran productores o consumidores, podían sacar pecho.

Parker se ha convertido en una eminencia, hasta el punto de gobernar en buena medida el negocio mundial. Las bodegas exhiben orgullosas las buenas puntuaciones de *The Wine Advocate* en etiquetas adosadas a sus golletes con los números extraordinariamente grandes, más grandes en ocasiones que el propio nombre. Ha despertado incluso un movimiento contrario, encabezado por Alice Feiring, quien le dedicó un libro extraño: *La batalla por el vino y el amor. O cómo salvé al mundo de la parkerización*. Feiring acusa a su némesis de haber homogeneizado una forma de entender la viticultura artificiosa que arrincona injustamente a los «vinos naturales», es decir, a los tradicionales, los que preservan la magia del terroir y demás mitologías.

En realidad, no hace falta salvar a nadie. Es un error afrontar así la gastronomía. Del fenómeno Parker, yo me quedo con la democratización que consolidó al proponer un gusto personal revolucionario, que cuestionaba lo establecido hasta entonces como canon. Parker, al opinar sin complejos, ayudó a popularizar un mundo de sacerdotes. Y eso siempre merece un aplauso, en cualquier ámbito.

El buen salvaje

El mito de El buen salvaje, *básicamente, propone que un ser humano de escasa civilización, adiestrado en una supervivencia elemental, ignorante de placeres sofisticados y necesitado de poco más que alimento, aire, un confort sencillo, sexo y compañía, puede alcanzar una felicidad superior a la de un igual que ha crecido entre ambiciones mayores, ambiciones que, en demasiados ámbitos, nunca se llegan a colmar. Si no aspiras, tampoco te frustras, viene a decir esta defensa de la presunta ingenuidad de los indígenas.*

A mí me lo explicó en la facultad un singular profesor de Antropología, autor de algunos trabajos de campo y del que siempre sospechamos que consumía marihuana de una forma desaforada. Yo incluso estaba seguro de que se había traído de aquellas estancias entre salvajes algún que otro tipo de planta o de sustancia que le proporcionaba esa mirada vidriosa y esa pachorra corporal con las que se desenvolvía por el aula. Sus frecuentes lapsus durante las peroratas no sugerían reflexión, sino suspensión del pensamiento por un colapso puntual en el riego sanguíneo. Era un tío raro y grande. Gracias a él leí El antropólogo inocente, *una risa de ensayo, del que luego salté a* Merienda de negros, *una carcajada que hoy sería condenada por los políticamente correctos, sin duda. Porque esa gente no duda.*

Mi profesor, por contra, parecía atrapado en una incertidumbre satisfactoria. Y con una percepción del tiempo evidentemente distinta.

Hace unos años fui a una cata y me sentí como un buen salvaje. La presidían dos eminencias nacionales del mundo del vino, y estaba articulada alrededor de una bodega francesa pequeña y artesanal, tan pequeña y tan artesanal que hasta en Francia es difícil de encontrar en los restaurantes notables. Su propietario, viticultor de sexta generación, compartía cabecera con las dos eminencias, ambos ese tipo de gente que parece normal hasta que empiezan a hablar de su disciplina.

El encuentro empezó a las ocho y media de la tarde y se prolongó hasta la una y media de la madrugada. Probamos dieciocho vinos, la mitad de la susodicha bodega francesa (todos blancos) y el resto, una selección exquisita del hostelero que había organizado el encuentro y que amable, o insensatamente, me había ofrecido una silla en aquel sanedrín. Para alimentar el trasiego nos sirvieron platos sencillos de elaboración pero excepcionales en calidad: embutido, rabas de calamar, unos bocartes inolvidables (la sangre casi sin coagular en el centro de la espina), y mero y cordero, haciendo honor al refrán, a cual más tremendo.

Fiel a mi desorden natural, llegué tarde; el último. Me encajaron en un extremo de una gran mesa dispuesta en forma de U, a modo de consejo regio, junto a lo que resultaron ser dos amigos íntimos y doctos en vino. Nada más sentarme, algo avergonzado, pillé un par de frases alrededor sobre las expectativas de los comensales congregados. Uno de ellos sostenía que en España no sabemos elaborar grandes vinos aún, otro refería detalles de la bodega protagonista que no debía de conocer ni el dueño mismo. Me achanté, claro. Me sentí pequeño, asilvestrado, bruto. No ya un tarzán, sino directamente el hombre elefante colocado en pelotas delante de un consejo de científicos sabios. Me miré la entrepierna para confirmar que no llevaba taparrabos. No llevaba, en efecto, pero no me sirvió de alivio porque casi noté cómo mi intimidad se encogía, cual gusano.

El reto era, pues, supremo: cascarme casi una veintena de copas y no perder el control. No perder el control yo. Para *hacerse una idea de mi incontinencia habitual, digamos que un domingo empecé a ver la primera temporada de* Juego de tronos *y que el lunes ya la había acabado, me había tragado todos los documentales de los contenidos extra, había rebautizado a toda mi familia como la Casa de los Remanister, adoptado la rata salvaje como animal de pendón y decidido como lema de mi genealogía* Sin vermú no hay sábado. *Solo detuve mi enajenación cuando entré en la redacción del periódico comiendo una pata de conejo y, al soltarle un manotazo al culo de una buena moza, resultó ser el director, que se transmutó en Robert Baratheon, monarca de los Siete Reinos.*

Al arrancar la cata, me acordé de mi madre y de su reiterado consejo desde que era pequeño: «David, cuando estés en público, cierra la boca, anda». Y a fe mía que peleé como un jabato para mantenerme callado, camuflado como un paje en un festín de amos. No sé cuántas veces cerré los ojos por la emoción contenida. Algunos de aquellos vinos eran de otros siglos, traídos del confín de alguna bodega sepulcral. Un Marqués de Riscal de la posguerra resucitó en mi boca convertido en un cadáver flaco y mantecoso, redivivo, que se esfumó por detrás de mi nariz acariciándome la nuca. Tenía los ojos azules.

Pero ante tamaña sucesión de colapsos, llegó un momento en que mi resistencia al ridículo venció, y al probar uno de semejantes elixires, el entusiasmo se me escapó por entre los labios:

—Ay, qué rico —dije, alto y claro.

La cara de gilipollas que se me quedó casi superó el asombro de cuantos me rodeaban, que a esas alturas andaban comentando los matices de las pimientas, la ausencia de sulfurosos y otras precisiones técnicas que a mis oídos bárbaros sonaban como la lengua dothraki. En ese momento, con las cabezas aledañas vueltas hacia mí, ya no me sentí un mediano.

Me sentí un insecto.

Si careces de fuerza de voluntad y alguna vez te has propuesto algún tipo de hazaña, dejar de fumar o así, y la has logrado y después perdido, por cretino, sabrás que una fortaleza rendida tarda demasiados inviernos en recuperarse. La derrota suele ir seguida de varios espasmos de voluntarismo que, inevitablemente, fracasan. Mi vida, una guerrilla en determinados aspectos, es el bucle de ese fenómeno. De ahí que, al cabo de otras tres o cuatro copas, y enfrentado a un brutal blanco de 2004, tuviera otra intervención gloriosa en la mesa. Demostrando de nuevo un paladar cultivado y una pasmosa capacidad de expresión, dije sin quererlo:

—Joder, qué bueno.

Y así pasé de cantar línea, a cantar bingo.

Al acabar la cata me supe un enano. Mas un enano revelado. El estómago me refulgía amarillo epifanía. Había probado la civilización, me había acercado al cielo, y aunque nunca más pudiera rozarlo, sabía que existía y que se podía alcanzar, aun sin entenderlo.

Lejos de desazonarme, esa perspectiva me gustó.

Al salir del restaurante a la calle, respiré hondo el aire todavía frío de este invierno demasiado largo. Sonreí a la noche como una bestia embriagada, y hecho una hiena, me dije a mí mismo, alto y claro:

—Coño, cómo molaría ahora un cigarrico de esos que tomaba aquel profesor chiflado.

8

Por qué el vino bueno es el vino que te gusta a ti

El vino está maldito desde que lo bendijeron. Se tolera su consumo pero no su abuso, cuando precisamente en ese complicado equilibrio reside el atractivo del alcohol. Beber vino sin esperar que te afecte al ánimo carece de sentido. El brindis es un deseo conjunto formulado al sonido del cristal, y solo brindamos cuando nuestras copas rebosan de alcohol. Brindar con agua trae mala suerte, según nuestro acervo, y hacerlo con una Fanta te empequeñece. Quizá por eso nos seduce tanto el vino: por el peligro, por el juego, por el mareo de quien se asoma a un abismo. Por la posibilidad de que suceda algo que nos saque del aburrimiento. Nosotros mismos somos un abismo, una contradicción que desconoce para qué vive con tanta ansiedad si a la postre ha de morirse irremediablemente, haga lo que haga, digan lo que digan.

Las religiones se han aprovechado de nuestro temor primordial para aportarnos fábulas que supuestamente responden a la pregunta irresoluble que atenaza a cualquier ser humano. «Solo los santos encontrarán a Dios, quien atesora todas las respuestas». «Solo los sabios entenderán por completo la belleza de un buen vino». A cambio de tan pobre consuelo, de un puñado de parábolas y de dogmas, los creyentes cumplen determinadas reglas que, como tales, suponen una forma de control social; que establecen, en último término, cómo han de comportarse nuestras emociones. Cuando nos domina una emoción prohibida, la censuramos, la escondemos y la negamos, negándonos: «No tengo pensamientos impuros con la vecina del quinto». «No puedo decir en esta cena de gourmets que prefiero el vino con gaseosa». «Ese tipo que anoche perdió los papeles no era yo, porque estaba borracho». De esta forma nace la hipocresía.

«Cuando se comete un delito bajo lo que incorrectamente se describe como *influencia* de la bebida, el delincuente debería ser castigado dos veces (si ello es posible): una por la mala acción, y otra por el mal uso de una entidad inocente obligada a revelar la auténtica naturaleza del individuo».

Esta cita de George Saintsbury la utiliza el dandi inglés Kingsley Amis en *Sobrebeber*, otra obra maestra imprescindible en cualquier biblioteca de orden. Amis provoca carcajadas de liberación defendiendo una filosofía muy simple: tú eres tu yo sobrio y también tu yo ebrio, pero no lo aceptas y te atormentas. Por eso tienes dos tipos de resacas: la física y la metafísica. Sobre esta segunda, recomienda afrontarla con coraje:

«Cuando esa mezcla inefable de depresión, tristeza (no son lo mismo), angustia, desprecio de uno mismo, sensación de fracaso y miedo al futuro empiece a imponerse, recuerda que lo que tienes es resaca. No te estás poniendo enfermo, no has sufrido una leve lesión cerebral, no haces tan mal tu trabajo, tu familia y tus amigos no han tramado una conspiración de silencio a tu alrededor para que descubras que eres un mierda, no estás viendo por fin cómo es realmente la vida y no hay por qué llorar por la leche derramada. Si esto funciona, si puedes convencerte a ti mismo, no tienes que hacer nada más. No tiene resaca quien de verdad piensa que la tiene».

Eres tú el que bebes, eres tú el que comes; eres tú el que disfruta y eres tú el que abusa. Eres el espíritu redivivo de Abu Nuwás. Gastronomía eres tú y tus contradicciones, querido amigo tragón, capaz de pagar un menú degustación al mediodía y de atiborrarte por la noche de Triskys Barbacoa mientras te atragantas también de series de televisión inteligentísimas, sobre las que luego rara vez reflexionas.

Si aceptamos esta condición dual, no podemos seguir tolerando a los gastromonguers, a quienes entienden la gastronomía como una disciplina egregia de las actividades humanas reservada a unos pocos elegidos, y la alimentación —o las resacas—, como un asunto aparte. El economista coreano Ha-Joon Chang sostiene que la economía no puede seguir calificando a las personas como meros «consumidores» en sus teorías de producción, y tratando el desempleo, nuestra condición dual de «trabajadores», como un fenómeno secundario, como una corrección supeditada al PIB. «La economía es demasiado importante para dejarla en manos de los economistas», avisa Ha-Joon Chang en su ensayo *Economía para el 99% de la población*. La gastronomía es demasiado importante para dejarla en manos de los gastrónomos, podemos afirmar nosotros, los morrudos del mundo, los picofinos sin más formación que nuestra afición a relamernos con lo supino y con lo mezquino.

Tras siglos de hambre colectiva durante los que comer ha consistido en una pelea diaria, milenios que acabaron anteayer y en los que la gula, o el hartazgo satisfecho, fue privilegio exclusivo de los potentados, los comensales conscientes del siglo XXI tenemos la obligación de aprovechar la fortuna de haber nacido en un tiempo y en una parte del mundo idílica para el estómago. Hoy podemos avituallarnos con todo tipo de viandas, y disponemos de la biblioteca suficiente para apreciarlas y manipularlas en su mejor provecho. Solo necesitamos conocer qué es exactamente lo que nos llevamos a la boca y, sobre todo, sacudirnos de vergüenzas.

Saber de vinos, por ejemplo, es tan sencillo como probar muchos, decidir cuáles te gustan y disfrutarlos, digan lo que digan las logias. «Un vino bueno es el vino que te gusta», insiste Luis Gutiérrez, el crítico de vinos españoles para la revista de Robert Parker. ¿Por qué es más famoso en España Robert Parker, un recién llegado a la masonería de la vid, y además recién llegado desde Estados Unidos, que José Peñín, el sumiller que edita la guía de vinos españoles más veterana? Porque a Parker no le atribuimos el elitismo tradicional de la Guía Peñín, cuyo equipo cata cada año 11 500 marcas nacionales pero que todavía arrastra entre los aficionados esa imagen de «manual para expertos».

Hasta que hemos alcanzado la democratización del vino, hasta que la cantidad y calidad de la oferta ha superado las capacidad de análisis de cualquiera —nadie puede abarcar ahora mismo cuanto se produce en España, por número y diversidad; ni siquiera puedes aprenderte de memoria el número de denominaciones de origen—, hasta hace 20 años, vaya, decir que te gustaban casi todos los vinos que probabas sugería que carecías de criterio, que no sabías discernir. La ubicación de los templos —Vega Sicilia, Viña Tondonia, etcétera— estaba marcada con meridiana claridad en el mapa del experto. Curiosamente, a la Guía Peñín le reprochan en los últimos años que haya aumentado la cantidad de vinos españoles cuyas puntuaciones superan los 80 puntos sobre 100, lo que algunos entendidos del sector interpretan como un intento de tener contentas a las bodegas; como una estrategia comercial. Quizá Peñín pretenda de esa forma mostrarse más amable con el consumidor normal, el que no entiende el lenguaje de una caja de aromas pero a quien le satisfacen un montón de vinos de distintos precios. O quizá ya se producen en España muchísimos vinos ricos, fenómeno que nuestra idiosincrasia cainita todavía no puede tolerar. Quizá no aceptamos todavía que haya tantos listos entre nosotros como nosotros mismos, y por eso MediaMarkt arrasa.

Hoy incluso puede darse el caso de que no te guste el vino, sin que tamaño sacrilegio menoscabe tu soberanía gastronómica. Dice Kingsley Amis:

«Ofrecer a tus invitados cerveza en vez de vino (a no ser que sirvas un curri, un bufé frío de corte escandinavo o huevos con panceta y tal) equivale a pasarse por el forro la moda y las costumbres establecidas. Parece (y en algunos casos lo es, sin duda) una actitud indolente y roñica. Y aún peor, puede resultar afectado y falsamente cabal, como si le dijeras al huésped: "Pilla la birra y date con un canto en los dientes, chaval; tanto mi viejo como mi vieja iban que chutaban con la cerveza" (…). Al final, por cada bebedor clandestino de cerveza al que puedas satisfacer con tu peculiar etiqueta, disgustarás a un bebedor de vino a cara descubierta, por lo menos. Puede que este no sepa distinguir entre un chablis y un Château d'Yquem, moviéndose tan solo por esnobismo, pero si seguimos las reglas básicas, si él cree que le gusta el vino, le gusta el vino. ¡Qué le vamos a hacer!».

En resumen, ante la mesa recuerda siempre que «lo importante no es lo que te gustaría ser: lo importante es lo que te gusta», como recomienda el protagonista de *Alta fidelidad*, la novela de Nick Hornby. Compárate con lo mejor de ti, con tus emociones en lugar de con tus aspiraciones, y serás más feliz. La ciencia ha democratizado la alimentación, lo cual facilita que nos liberemos de los antiguos complejos, y las redes sociales nos han proporcionado la plataforma perfecta para que los morrudos iletrados nos conectemos y nos reconozcamos. Facebook ha triunfado al explotar nuestra necesidad íntima de compartir las cosas que nos gustan: clicas en *Me gusta* para sentirte acompañado, y hasta lo exageras con emoticonos. Por el contrario, desprecias con un silencio de clic a quienes comparten lo que les *gustaría ser* en lugar de *lo que son*, a los hipócritas que van dando lecciones sobre qué deberías pensar y cómo hemos de comportarnos.

Así que reiniciemos la gastronomía por donde debería empezar: por lo que nos gusta de veras comer y beber.

A mí me gustan de una forma desaforada la Pantera Rosa, el fuet catalán y el Borsao del Mercadona. Y no me avergüenzo.

El Garnacha Mítica que embotella Borsao para Juan Roig cuesta un euro y medio. Cuando lo bebes, huele a fruta y ocupa la boca agradable y con brío, pero sin picar. No entra dando voces de alcohol, como tantos vinos jóvenes que ofertan los supermercados. Al revés. Sigues bebiendo, y sigue oliendo y sabiendo lo necesario, sin cansar, ni tampoco desaparecer, que el barato suele igualmente resultar un vino flaco. El Borsao, por el contrario, se vuelve adictivo, un mérito tremendo para una botella humilde que juega en la liga inferior, que comparte estantes con la ginebra Lirios y el pacharán Ostiatú. Sin embargo, después de tantos años bebiéndolo y a pesar de su pretencioso nombre, el Garnacha Mítica me sigue provocando el *falso olvido* del vino durante una buena comida, ese fenómeno que detectas cuando la copa alienta la charla sin darte cuenta hasta que, en un receso, mientras escuchas una réplica a tu catedrática opinión sobre la situación política o cuando das un sorbo para rematar un tenedorazo de carne, redescubres que el vino sigue ahí y que está realmente rico, joder.

En mi soberana opinión, cuantas más veces digas *joder*, cuantas más bocanadas de sorpresa te asalten durante un almuerzo, mejor es el vino. Es uno de los convenios que, junto con la belleza de las etiquetas, he alcanzado con mi amigo Patricio. Cuando bebemos vino, Patricio y yo mantenemos unas conversaciones simiescas que atraen la atención alrededor sea donde fuere, pues al carecer ambos de una conexión consciente entre nuestra nariz y nuestro cerebro desconocemos cómo traducir lo que olemos en palabras o en sintagmas. Así que nos comunicamos por fonemas, interjecciones y tacos —*Mmm, Joer, Hostiaputa*—, ayudándonos de una colección de aspavientos que pelean entre sí y se mueren nada más nacer, frustrados. Incapaces de adiestrarnos o de refinarnos los nasos, Patricio y yo, copa en mano, nos comportamos como dos guiñoles descacharrados que arrancan frase tras frase sin rematar ninguna y que, empeñados en encontrar ese final ilustrado, acaban por atizarse otro trago a ver si intentándolo de nuevo, si reiniciando el proceso, se nos aparece el enunciado del placer que el vino en cuestión nos está procurando. Yo siempre me mojo la nariz cuando intento aspirar los aromas, y a Patricio la mitad de los vinos le huelen a jamón serrano. Y como a ninguno nos dio la genética memoria para almacenar etiquetas, siempre recurrimos a las circunstancias en las que nos trasegamos determinada botella para indicarnos que esa que ahora probamos nos recuerda a *aquella*. «Este vino se parece a ese otro que bebimos cuando intentaste meterme mano en el Mesón del Riojano». Y así, en círculo, bebemos, vivimos y recordamos lo bebido.

Comiendo bollos rosas de Bimbo también se me llena la boca de interjecciones y se me enredan las horas en bucle. La Pantera Rosa es otra de mis adicciones.

Nick Hornby calcula en *31 canciones* cuántas veces ha escuchado en su vida *Thunder road*, la lánguida melodía de Bruce Springsteen que pone los pelos como escarpias. Contando una vez a la semana desde que la descubrió 25 años atrás, le salen unas 1.500 audiciones. Más o menos, el mismo número que me sale a mí al computar las panteras rosas que he podido zamparme desde los diez años, a cuenta también de una por semana, tomando una media amable. Han sido muchos los episodios biográficos en los que, como le sucede a Michael Douglas con el marisco, me he abandonado a este bollo orgullosamente gay y absurdo, pues nada en su forma recuerda a la pantera de los dibujos ni tampoco al animal real. Mientras Hornby enredaba década tras década su angustia adolescente con la misma canción, yo la encofraba en un rincón de mi estómago con un rosa imposible, propio de las chicas de *Grease* e inexistente en la naturaleza. ¿Cómo será ese recoveco de mis entrañas? ¿Dulce? ¿Vaporoso como un algodón de azúcar? ¿Un circo en mitad de una ciénaga? ¿Y en qué medida habrá cambiado mi vida? ¿Soy lo que soy por las mil y pico panteras rosas? ¿Qué hubiera sido de mí si me hubiese enganchado al empalagoso Bony, o al frágil Tigretón? ¿Tendría otro carácter, otra profesión, otro futuro, otra orientación sexual? ¿Alguna orientación?

En definitiva, ¿contiene alma la comida industrial?

Esta pregunta resulta fundamental en nuestra lucha contra la puta gastronomía. Si nos la hiciéramos con un producto *natural*, probablemente la respuesta sería inmediata y afirmativa. Por ejemplo, el fuet, mi tercera perdición.

Existe igualmente un componente adictivo en el fuet que roza la demencia y del que carece cualquier otro embutido. El fuet encierra en su estrechez un placer reiterativo de los que nunca sacian, un misterio gastronómico de primer orden, como sucede con el Borsao, la Pantera Rosa, el chocolate, las pipas, con los amores turbulentos, con los tebeos de Calvin y Hobbes y con las 212 canciones que constituyen la discografía completa de los Ramones. De hecho, quizá lo más parecido al fuet, por primitivo, obsesivo y por la feliz simplicidad de su mecanismo, es la música que se inventaron aquellos cuatro hermanos bastardos de Nueva York.

Esta teoría ha sido sometida a una simulación científica de un empirismo incontestable. He comprado cuatro fuets de Vic, los he colocado sobre la mesa de la cocina con la clásica formación en rombo del rocanrol, con el más largo al frente, dejándoles a todos el cordel de la parte superior a modo de melena suelta, y los he imaginado con cuatro minicazadoras de cremalleras y cuero aporreando sus instrumentos y coreando *Rockaway Beach* —pinchada a tal efecto en el equipo de música—. Y funciona, vaya si funciona. A la segunda estrofa, el moho que recubre la tripa de las cuatro longanizas empieza a parecerse a la tela desgastada de un pantalón vaquero. A la cuarta, el cordel del cantante empieza a bambolearse. A la sexta, tú también coreas *Rockaway Beach* mientras te comes al batería a bocados. Al repetir el experimento con otras canciones de los Ramones, el resultado ha sido, invariablemente, el mismo.

Un buen fuet, elaborado con un perfecto equilibrio entre curación y ternura, entre carne y grasa, entre sal, pimienta y ese dulzor tan particular que lo distingue del mero salchichón, genera la misma adicción enfermiza que inocula el glutamato químico. Sin embargo, al engullir fuet entre borbotones de saliva no te sientes sucio, como sucede cuando te atiborras de panteras rosas. El buen fuet, aun empujándote a comer con la insensatez propia de un ñu que atraviesa un río lleno de cocodrilos, te apalanca en el sofá y te va hinchando, rodaja a rodaja, de una felicidad limpia, casi diríase que sana, si no fuera porque al terminar con la barra apenas puedes bascular, no digamos ya intentar incorporarte.

¿Por qué soy más condescendiente con mi adicción al fuet que con el yonquismo de panteras rosas? ¿Por su origen natural? ¿Por que es un producto *biológico*? Eso es una chorrada. Las respuestas reduccionistas —«los videojuegos son adictivos», «Facebook arruina las relaciones cara a cara»— niegan los avances tecnológicos como conquistas indiscutibles de la civilización. Eso sí, son más cómodas para explicar el mundo de un plumazo, sin admitir el predominio de los cielos grises. Yo vivo en Asturias. Mi mundo es gris.

Ya no solo matamos animales o plantas para después resucitarlos con nuestra habilidad simiesca. En el siglo XXI también creamos fauna y flora que imita a la naturaleza, que no precisa habilidad ni tiempo para ser digerida porque nos llega cocinada, que apenas caduca porque ha sido transformada químicamente con tal propósito, y que en términos generales consigue proporcionarnos las sustancias necesarias para mantenernos en pie sin intoxicarnos. Fabricamos pollos y fabricamos peces y fabricamos pan y fabricamos vino. Y bollos imposibles que nos hacen felices. Así que ya está bien de reivindicar la Naturaleza como un mito. Como si la Naturaleza no fuera, en esencia, pura química. Como si en Asturias solo lloviera «de vez en cuando» y el verde de su estremecedor paisaje procediera de la bondad o del RH de sus gentes.

A principios del siglo XIX, al especular sobre el futuro del hedonismo culinario que le hacía rozar el cielo con el tenedor, Brillat-Savarin confiaba en que las incipientes ciencias, «cultivadas a lo largo de infinitas generaciones, harán progresos tanto más seguros cuanto que la imprenta las salva del peligro de retroceder». Nuestro líder espiritual se peguntaba: «¿Quién sabe si la química de los gases no acabará siendo capaz de dominar elementos hasta la fecha rebeldes, de mezclarlos, de combinarlos en proporciones no intentadas hasta hoy y de obtener, por este medio, sustancias y efectos que logren dilatar considerablemente los límites de nuestros poderes?».

No hemos necesitado «infinitas generaciones» para disfrutar de tamaño sueño estomacal. Ya estamos aquí, en la revolución química de la gastronomía, en la alimentación democratizada, en la restauración futurista, en la Garnacha Mítica a euro y medio la botella. Pero cómo te echamos de menos, brillante Savarin. ¿Tú pensarías que la Pantera Rosa es un dulce propio de unas *pantorrillas de abad* o la despreciarías como un alimento bastardo? Porque nosotros funcionamos así: encumbrando lo antiguo y censurando ese futuro que tú soñaste porque se ha vuelto masivo. Comemos y bebemos mejor, mucho mejor, que nuestros bisabuelos, pero nos han convencido de lo contrario. La comida industrial ha aumentado fabulosamente nuestras expectativas de vida, pero cuando los expertos nos hablan de ella es siempre para alertar de que «nos está matando».

Ha surgido incluso una nueva casta de sacerdotes: aquellos que predican el imperativo de comer «sano», «auténtico» y mayormente verde; de comer productos genuinos. Y ni nos lo hemos cuestionado: asumimos que si un frasco de garbanzos porta la etiqueta *bio* o *artesano* contiene un estofado de calidad y salud excepcionales que justifican su precio. Como asumimos que al comprar un pastel en una repostería de barrio sus ingredientes son *naturales*, superiores a los de un bizcocho industrial, sin importar que nos los entreguen sin una etiqueta que especifique su composición. ¿Por qué? ¿El mero hecho de que un alimento se identifique como *bio* lo hace más rico? ¿Todos los artesanos son honestos y habilidosos por definición, y todos los fabricantes viles y avaros?

Quizás el tratado gastronómico más trascendental para su época desde la *Fisiología del gusto*, por su sabiduría y su alcance, ha sido *La cocina y los alimentos*, de Harold McGee, publicado en 1984 pero popularizado en los años dosmil. El prólogo de la edición española de 2007, escrito al alimón por el bioquímico Unai Ugalde y el cocinero Andoni Aduriz, destaca precisamente esa brecha histérica entre lo industrial y lo natural, entre la química y el campo:

«Cuando McGee se planteó integrar conceptos científicos para explicar fenómenos de la cocina moderna, existía una importante falla cultural entre la alta cocina de los grandes chefs y la cocina industrial. La primera tenía connotaciones artísticas, sofisticadas e incluso secretas. Sin embargo, la segunda era el legado de la aplicación triunfal de conceptos científicos y tecnológicos a la alimentación de masas. En consecuencia, la cocina industrial tenía como prioridades la seguridad, el largo almacenamiento y la preservación de las cualidades alimenticias. (...) Los crecientes problemas que se le habían planteado a la alimentación de las grandes poblaciones urbanas desde mediados del siglo XIX, y el carácter crítico que esto había adquirido en las guerras a principios del siglo XX, así lo exigían. (...) Pero esa tremenda irrupción de la nueva disciplina tuvo lugar a espaldas del concepto gastronómico y de la alta cocina que por aquel entonces seguía abrazada a criterios formales vinculados a lo exquisito, exclusivo y original de las artes».

En eso consistió el impacto meteórico de Ferrán Adrià: el fulano cogió el voluminoso manual de McGee, que explica la ciencia que opera tras las recetas, y transformó las ollas en probetas. Convirtió la tortilla en sorbete y el aceite en aceitunas, pero sin perder en dicho tránsito la señorial condición de exquisito, exclusivo y artístico. Sin despeinar la imagen de la alta cocina como un acontecimiento memorable, inalcanzable, cuasi milagroso. De forma paralela, la alimentación de masas, mejorada también en probetas, surgida «de la aplicación triunfal de conceptos científicos y tecnológicos», fue señalada como una imitación abyecta precisamente por utilizar polvos y artefactos en su fabricación. Cuando, mira tú, resulta que la historia sucedió al revés: fueron los chefs quienes copiaron los revolucionarios métodos del comerciante. Fueron los colorantes y emulgentes de la Pantera Rosa los que ampliaron la paleta de colores y la colección de trucos de Jackson Pollock. Como fue Pasteur quien revolucionó el vino. Y mientras tanto, el público —culpable siempre a los ojos de Anton Ego— permaneció con el sambenito de ignorante, de monguer, al no saber no diferenciar la química del arte.

Brillat-Savarin fliparía con *La cocina y los alimentos* porque es un libro asombroso e inabarcable, una auténtica «enciclopedia de la ciencia y la cultura en la comida» cuya lectura le puedes legar a tus hijos —pues a ti seguro que no te da tiempo a completarla—. Ojalá el sabio y humilde McGee nos regalara una breve historia de casi toda la comida industrial. *La cocina, los alimentos y el supermercado*, por ejemplo. Cómo nos ayudaría un tratado así a la gente normal, a los que merecemos que nos digan que comemos bien, mucho mejor que antaño.

El problema de la comida industrial no es su composición inorgánica: el problema es que muchos de sus placeres se evaporan rápido. Hay comida industrial que sabe mucho, que sabe de forma explosiva, pero que a menudo solo satisface una urgencia. La Gula del Norte no te alimenta las entrañas con esa epifanía que desencadenan unas sardinas del Cantábrico sacadas del agua y puestas a la brasa tal cual. Pero no pasa nada. Si te gusta comer, sabes perfectamente de qué te hablo; si has afilado tu sentido del gusto probando de todo, conoces ambos lados de la barrera, la alegría del vino y el remordimiento de la resaca, la efervescencia en la boca de un bollo rosa y la siesta feliz que provoca una barbacoa de matanza. Eres, como yo, un incongruente. Así que asúmelo, y defiéndelo en Facebook. Haz el favor.

Torreznos de mar

El 31 de mayo de 2011, Federico García envasó, en un sencillo bote cilíndrico de plástico transparente, unos 200 gramos (peso aproximado) de Torreznillos naturales de jamón ibérico.

Antes del envasado, el propietario de Salazones Cárnicos 4G, S.L., empresa ubicada en las parcelas 17 y 18 del polígono industrial Villamantilla (Madrid), les añadió a las lomeras de cerdo una proporción indeterminada de sal, pimentón, ajo y orégano; y los saborizantes E-621, E-627, E-631 y E-330. En la misma etiqueta frontal del tarro, Federico García se reseñó como elaborador, advirtió de que su producto caducaba el 28 de septiembre de 2011 y recomendó conservarlo «en lugar fresco y seco». Probablemente en ese momento, se olvidó de él.

El 23 de junio de 2011, 23 días después del cierre hermético del referido bote, Jesús Repérez lo vio coronando una torre piramidal de Torreznillos naturales de jamón ibérico, *apilada por algún empleado afanoso de la estupenda tienda Expo Licor, sita en Coma-ruga, localidad costera de la provincia de Tarragona. Un platillo de plástico blanco completaba la torre con unas muestras gratuitas del citado aperitivo, para degustación y prueba del potencial cliente.*

Al haber superado dos operaciones oncológicas de cierto calibre, y aguardar otras dos cardiovasculares igualmente serias, Jesús Repérez, hombre conocido por su feliz insensatez y su desprecio a la muerte, sintió escuchar adentro la grave voz de su mujer ausente, y propuso a Calamardo, un infante de 9 años igualmente descerebrado, que probara por él los torreznos ofrecidos, a ver si realmente merecía la pena su adquisición.

Calamardo cogió un torrezno grande como una piña y retorcido como un cura viejo, se lo metió en la boca, hinchó el carrillo derecho para acomodarlo entre sus dientes irregulares, dientes arrojados en su boca a lo loco, en dibujo similar al urbanismo de Gijón, dientes que al masticar enseñó a todo el hipermercado de licores y delicatessen, y, tras estrujar el pedazo de puerco frito y seco, de inmediato dibujó una sonrisa de satisfacción que le concedió a sus ojos un irresistible guiño chinesco.

—Están muy ricos —le dijo el crío a Jesús, al paciente atrapado en su dieta de la Seguridad Social.

Y Jesús Repérez, contagiado de felicidad, suponiendo el sabor por otros tantos miles de sabores similares que habían alegrado su vida hasta entonces, cogió el bote de plástico transparente envasado por Federico García el 31 de mayo y lo dejó caer suavemente en el carro donde descansaban ya, en espera de cobro, una botella de Acústic (tinto de Montsant), un molinillo de sal especiada con hierbas, y un vino blanco de la tierra catalana que sería bebido horas después muy frío, helado, entre una ensalada de pepino y cebolleta y otra de patata cocida y tomates de verdad.

Al llegar a casa, la compra de Expo Licor fue repartida por diversos armarios del apartamento de la playa. Hasta que al día siguiente, Chacho Repérez, famoso entrenador de surf, hacia las dos de la tarde y con la comida familiar ya preparada por su madre y su amiga Maricarmen, tomó posesión de la cocina para disponer el vermú del viernes, de un viernes de vacaciones tan fantástico que era un verano en sí mismo.

Aunque no lo decía en voz alta, Chacho Repérez estaba nervioso: la víspera había reservado una mesa para siete en el Restaurant Calders, igualmente situado en Coma-ruga, del que no sabía absolutamente nada excepto una buena crítica anónima leída en internet. Al ir a realizar la reserva, el simple vistazo al local le había acabado de convencer. Y ahora anidaba en su barriga esa leve comezón, esa excitación intuitiva, de que la cena iba a salir fenomenal. Una sensación conocida que le asomaba siempre que quería descubrir y disfrutar, y además invitar.

Así que Chacho Repérez se puso a preparar el vermú un poco abstraído, cuando se percató del tarro de Torreznillos naturales de jamón ibérico *elaborados por Federico García y envasados el 31 de mayo. Volcó medio tarro en una bandejilla, la puso sobre la mesa entre el resto de viandas habituales (berberechos, mejillones, banderillas de encurtidos y anchoas, etcétera) y a voces llamó a todos a zampar en la terraza.*

En los siguientes 30 minutos no hubo más conversación que aquellos torreznos. Frágiles y poderosos, sabrosos y suaves; un bocado imposible, contradictorio; salud mental y pecado carnal a partes iguales. Aquel vermú fue una carambola provocada por la intuición de un viejo y la curiosidad de un crío, fue un error y un tremendo acierto, como toda la gente a la que yo quiero.

Así que, si los ve, cómprelos, compre el orgullo de Federico García. Compre Torreznillos naturales de jamón ibérico.

9

Por qué debes defender la comida industrial

¿Qué hay detrás de lo que comemos? Normalmente, una etiqueta que refiere una lista incomprensible de ingredientes rematada por una cola de códigos (los E-231, E-330, E-tcétera) que te agotan los ojos y te hunden toda esa esperanza en un mundo mejor que desde niño te han inculcado los musicales de Disney.

Los departamentos públicos de salud obligan a las empresas a detallar esa retahíla química para informarnos a los consumidores sobre qué vamos a introducir en nuestro organismo, pero la presunta garantía sanitaria nos llega encriptada en un texto indescifrable hasta para el industrioso padre de *Breaking Bad*. No sirve. Nadie entiende nada. Solo genera ruido y desinforma, como las declaraciones huecas de cualquier político *profesional*. Y ante el ruido y la desinformación (como bien sabe todo periodista decente) surge el rumor, la leyenda: «Toda la comida industrial es mierda». Y no. ¿Las pizzas de Casa Tarradellas o las del doctor Mengele-Oetker proporcionan menos nutrientes que las migas de pan duro remojadas y fritas con sebo que se cenaban mis tíos cada día después una jornada esquilando ovejas por los pueblos? Eso sí que era una barbaridad. Cualquier abuso es por definición una barbaridad.

Es obvio que la industrialización alimentaria, como cualquier invento humano, ha desplegado provechos y barbaries. A su albur nos hemos alimentado mejor pero también hemos adquirido nuevos vicios, permitiéndonos otro comportamiento «idiota de lo público», sin interesarnos por la composición de aquello que comemos y trasladando la culpa al sistema, a la voraz economía de mercado, a las fuerzas ocultas, a los hermanos Lehman, etcétera. Nos obsesionamos con la salud y la belleza, pero a la hora de actuar nos acaba superando la pereza. Y la pereza ciudadana propicia la perversión de quienes manejan los hilos.

La única forma de controlar a las malvadas multinacionales es la misma que hemos de utilizar para defendernos de los gastromoguers: participar todos en la exigencia colectiva de que no nos traten como imbéciles. Para liberarnos de complejos necesitamos que los peritos sanitarios nos aclaren qué pretenden vendernos, necesitamos enterrar la cábala de los Etcétera y sustituirla por palabras, por términos comprensibles para cualquier escolar, pues su contenido no deja de ser otro menú, como el que nos recita un *maître* o un sumiller, solo que quien lo escribe en los paquetes lleva bata. Únicamente con una información clara podremos decidir conscientes desde la soberanía de nuestros estómagos: así funciona la democracia, o debería. Si no te comportas como un ciudadano útil, activo, implicado, luego no te quejes de los mangoneos del poder. Si no te preocupas lo más mínimo por conocer cómo funciona el algoritmo de Facebook, de Google o de Amazon, no me vengas protestando por la publicidad dirigida o por la estupidez generalizada que aparece en tu *timeline* de Twitter. En esa configuración has colaborado y colaboras tú, en este caso haciendo nada, callándote. Si limitas tu vida política a votar y despotricar en el bar, la corrupción nacional también es culpa tuya, querido.

Ese hipotético ensayo científico-doméstico de Harold McGee que imaginábamos en el capítulo anterior, *La cocina, los alimentos y el supermercado*, nos serviría también de guía explicativa frente a tantas etiquetas inútiles. Aspiremos a esas metas y dejemos de echarnos solo las manos a la cabeza. Ya está bien de presuntos documentales gastronómicos como *Super size me*, donde Morgan Spurlock se graba durante un mes comiendo únicamente menús de McDonald's. ¿De verdad necesitaba esa prueba para constatar que el abuso de bigmacs engorda y arguella las carnes, que dispara el colesterol y convierte la presión arterial en una celebración del Año Chino con todos tus glóbulos rojos bailando, puestos de farlopa hasta los ribosomas? ¿De verdad necesitaba el documentalista un experimento tan insensato para confirmar lo obvio, necesitaba maltratarse el cuerpo para revelar que los abusos matan? Porque a su lado, mi test con el fuet parece el Proyecto Manhattan. Si realmente hubiera tenido coraje, el realizador y cobaya de tamaña película se hubiese sometido durante un mes a la ingesta única y repetida de torreznos. Torreznos para desayunar, para comer y para cenar, torreznos non-stop. Entonces sí que se habría convertido en una auténtica señora Curie con todas las de la ley. Entonces sí que habría fallecido por la Ciencia, infartado, pero feliz.

Alabar el torrezno y escupir sobre un bigmac es muy fácil, casi nadie te va a contradecir. Yo lo hago, a pesar de que amo los torreznos sobre todas las cosas. De hecho, siempre que paso por Soria camino de mi pueblo aparco el coche y me bajo a dar un paseo: Soria es hermosa, recóndita y una especie de grieta, pues ya sea en la capital o en sus bosques siempre tienes la sensación de que allí no sucede nada, ni ha sucedido, ni tampoco sucederá; de que los sorianos son los únicos que han entendido el absurdo de nacer contra el tiempo y han decidido ignorarlo y vivir sin él. Soria es la Nada. Una vez tuve una novia así como pánfila que siempre me preguntaba después de ayuntarnos que en qué estaba pensando, a lo que yo le contestaba: «En Soria», y perdía la mirada exhalando el humo muy, muy despacio. Seguro que ella pensaba que se acostaba con un tipo infinitamente interesante, o solo estúpido, porque un día se fue. Pero me quedó Soria, y de Soria sus torreznos, una gloria gastronómica que, en rigor, no es mejor que un bigmac. Los torreznos no son en sí mismos buenos o malos. Hay a quien le gustan y a quien no. Si comes muchos, tu organismo aumenta de volumen y tus arterias se transforman en la M-30. Su condición depende de su uso, como casi todo, como el bigmac o como la marihuana o como la gente. La misma Naturaleza en sí misma no es buena o mala, como tampoco su manipulación humana, por muy antigua y simple que nos parezca, por mucha tradición que arrastre. La vejez no confiere por defecto la virtud de la sabiduría, el campo no sana, la pobreza no insufla bondad a quienes la padecen. El torrezno es una grasa deliciosa y vieja que desenfrenada puede matar. La hamburguesa, continuando esta lógica, es lo mismo pero en su versión adolescente. Ambos se merecen mi pulgar en alto en Facebook, porque me encantan.

En este momento, algún lector saltará indignado entre la platea argumentando que el bigman o el whopper o el bollicao anidan en su interior un capazo de azúcares insanos, y de conservantes y colorantes y emulgentes y todo eso que refieren las etiquetas encriptadas. Y tiene razón, cálmese. Pero volviendo al tipo que se intoxicó a conciencia delante de una cámara: ¿quién necesitaba a esas alturas, en 2004, que le subrayaran que las hamburguesas de cualquier franquicia multinacional no contienen solomillo de ternera, que el kétchup no procede del tomate, que el cartel que anuncia la lechuga está más fresco que ella, que las patatas fritas no son patatas o que cada burbuja de una Coca-Cola encapsula en su hipnótico flotar un pequeño vómito de edulcorante sintético? ¿Quién ignoraba que todo, absolutamente todo en ese menú posmoderno, es un simulacro? Todo quisque lo sabía, hasta el propio McDonald's, que de aquella ya ofrecía ensaladas y otros comistrajos supuestamente saludables para añadir una imagen corporativa de remordimiento a su cadena de restaurantes de farsa. La sociedad ya conocía y aceptaba esa mentira, hasta admitía que la denominada *fast food* hubiera dejado de ser rápida: ¿cuánto tardan esos pobres esclavos contemporáneos en dispensarte la comanda?

Si comemos hamburguesas haciendo cola es porque nos da la gana. ¿Qué sentido tiene empapelar las cajetillas de tabaco con imágenes escatológicas si el fumador ya sabe que su vicio le puede acelerar la tumba? La responsabilidad de los gobiernos no reside tanto en alertar a los ciudadanos de sus malas costumbres cual madre agobiante, como en propiciar las buenas prácticas, las provechosas, premiándolas incluso, y sobre todo censurando las inadecuadas entre quienes producen bienes de consumo masivo: véase las abundantes sombras de la industria del tabaco, la farmacéutica o la alimentaria. ¿Prefieres que el gobierno controle tus decisiones o que persiga al que te pone delante trampas encriptadas en un E-tcétera? ¿O que le pegue un toque a McDonald's porque no deja visitar sus fábricas?

Dejemos de ordenarle a la gente normal qué debe hacer, cómo debe comportarse. En España hemos acabado hartos de despotismos, de tantos reyes, sacerdotes y adláteres. El que quiera contaminarse, que lo haga mientras no estorbe a nadie, ¿no?, pues en eso consiste la libertad, esas tres sílabas que gasifican los carrillos de todo político profesional. En todo caso, los ciudadanos realmente descontentos, quienes no se conforman con esos juegos de espejos, advierten peligros en nuestros hábitos y se sienten partícipes del asunto colectivo —los que no piensan que el prójimo es mayormente tonto, vaya— deben actuar y convencer principalmente con su ejemplo.

Que en lugar de compadecerse desde su condescendencia o de soltarnos doctrina, nos hagan salivar con su felicidad. Que nos galvanicen con una buena pedagogía basada en la inteligencia, la complicidad y a ser posible, en la risa.

«El médico dice que no se deben comer más que naranjas; pero una cosa es predicar y otra dar el trigo. Convencido de que no debe usted comer más que naranjas, y agradeciéndole al médico la advertencia, ¿qué va usted a hacer con la perdiz que tenía reservada para la noche sino mandársela a él? Usted cree que, en ese regalo, el médico verá a la vez la docilidad con que usted sigue sus prescripciones y el reconocimiento que le inspiran; pero ¿quiere usted saber lo que ve en realidad? Pues no ve nada más que un salmorejo, un excelente salmorejo que le sentará a las mil maravillas».

Necesitamos más libros como *La cocina de Lúculo* de Julio Camba y menos documentales descerebrados y alarmistas. Donde nos falta información es precisamente en las comidas que ya sabemos que no son *extremas*. Porque comparando nuestro carro del supermercado con las infinitas posibilidades alimentarias que nos ofrece este mundo eléctrico, a veces comemos fatal, claro.

Si yo fuera Morgan Spurlock (y con ese nombre no me dieran un papel en *Star Treck*), en lugar de escenificar la Mc-Maldad a costa de mi estómago hubiera realizado un documental como *The true cost*, la película de Andrew Morgan que en 2015 reveló las entrañas de otro trastorno social: la *fast fashion*, o la compra compulsiva de ropa por el placer de comprar y de seguir la moda más que por disfrutar la ropa. Morgan podía haberse comprado cada día una camiseta en Primark y ponérselas y lavarlas sin cesar hasta constatar que, a la tercera lavadora, las prendas ya se han descolorido y deformado manteniendo, sin embargo, ese olor a rancio de su particular algodón. Ese olor a gasolina quemada que te invade la napia nada más franquear el umbral exageradamente luminoso de un Zara o un Bershka, donde la música invita casi más a pedir una copa que a probarte una camiseta.

En lugar de ponerse cada día el mismo par de calcetines, Andrew Morgan prefirió echarse la cámara al hombro y recorrer, a través del planeta, toda la cadena de la producción textil que utilizan las multinacionales, desde las perchas de la alta costura hasta los talleres del tercer mundo y los campos de cultivo de algodón. Cuando acabas *The true cost* te quedas atónito. Es una soberbia denuncia a través de la investigación que desvela un entramado desconocido para la mayor parte de la sociedad. Es útil y revelador, sin necesitar moralina.

Después de verlo decidí dejar de comprar ropa en franquicias, y lo decidí con la misma determinación irrevocable con la que me prohíbo desde hace años entrar en un Burger King (acudo única y exclusivamente cuando me apetece muchísimo un whopper). Prefiero lucir unas cuantas camisas chulas adquiridas en tiendas de la esquina, más caras, sí, pero más duraderas, peculiares y sobre todo más proclives a que te encariñes con ellas. Cuando alguien me pregunta de dónde las he sacado, aprovecho para hacer patria y alabar a mis honestos proveedores de indumentaria, a los que me mantengo inmaculadamente fiel. A no ser que vea unas Nike fosforito en otro escaparate y me enamore de ellas sin remedio, claro.

Como las hamburguesas, «la moda es una mentira en la que todo el mundo quiere creer», dice Guillaume Erner, sociólogo, e hijo y nieto de sastres, en su ensayo *Víctimas de la moda*. Erner analiza cómo se desarrolla la misma espiral que ilustra *The true cost*. La publicidad, con sus argumentos inefables y sus mil triquiñuelas, nos convence de la urgencia de adquirir prendas y más prendas cada temporada para distinguirnos de los demás, para sentirnos *especiales*. Compramos hasta la insensatez ropa que se supone exclusiva pero que, en realidad, coincide con la que van a comprar nuestros semejantes en ese mismo instante, o unas semanas a más tardar. Lo cual, paradójicamente, también nos satisface, pues el propósito íntimo de todos nosotros es ser aceptados, y a ser posible adulados, en sociedad. Seguimos funcionando en manada, solo que ahora podemos hacernos *selfies*. Sin embargo, después de comprar esa cazadora que la publicidad nos ha marcado como tendencia, salimos a la calle o miramos otros *selfies* y nos descubrirnos vestidos igualicos que el resto del mundo. Con lo cual regresamos vírgenes a la publicidad para que despierte de nuevo nuestro anhelo de distinguirnos. Y de esa simpática forma reiniciamos un proceso que nunca encuentra fin. Podemos denominarlo «el algoritmo de la moda».

En definitiva, la moda es otra religión cuyos sacerdotes se aprovechan de nuestra incapacidad para asumir lo contradictorio de nuestra condición humana. Como le sucede a la comida sana. Aunque muchos de sus argumentos sean lógicos.

Si *Super size me* es mongolo en su concepto y asquerosillo visualmente, *Food choices* es uno de los documentales gastronómicos más feos jamás realizados. La voz en off parece ponerla un *borderline* de comisuras babeantes y las imágenes están sacadas de banco gratuito de lugares comunes o de un archivo escolar. Sin embargo, este argumentario del vegetarianismo radical como opción inevitable, grabado por Michal Siewierski, aglutina un montón de opiniones y datos interesantes cuya escucha te eliminará el apetito para el resto de tu vida. Básicamente, *Food choices* sostiene que:

—La dieta moderna está basada en las proteínas, descubiertas a mediados del siglo XIX y elevadas falazmente a la categoría de nutriente imprescindible. Por eso la base de nuestra dieta ha pasado del almidón, de los cereales, a las carnes.

—El abuso de carne desemboca en las dos enfermedades más frecuentes de nuestro tiempo: el cáncer y el infarto.

—El abuso de carne tiene un origen machista: las mujeres eran tradicionalmente las recolectoras, y los hombres, los cazadores. Comer carne es símbolo de masculinidad. Por eso es la barbacoa doméstica es la única disciplina de la cocina donde los varones asumen indefectiblemente el mando.

—Todas las carnes acaban siendo perniciosas: las rojas, las blancas y las marinas. Las dos primeras fuerzan el trabajo de nuestros hígados y riñones y elevan el colesterol. El Omega-3, consumido en exceso, provoca impotencia, síntoma también de un infarto en ciernes. El atún que comemos está lleno de mercurio. La carne, junto con el azúcar, es también culpable de la «epidemia de obesidad».

—Lo mismo sucede con los huevos, peligrosos por su elevado colesterol y producidos además en granjas asquerosas.

—Lo mismo sucede con la leche. Porque lo del calcio es otra falacia.

—Y con los aceites, que al fin y al cabo son grasas.

—Si los presuntos alimentos naturales resultan a la larga tóxicos para cualquier ser humano de bien, no digamos ya los procesados, la comida industrial cuyas composiciones desconocemos normalmente.

—Toda nuestra dieta, en definitiva, está basada en una colección de mentiras armadas y difundidas por el ánimo de lucro, por las multinacionales de la alimentación, que se amparan en presuntos estudios científicos financiados por sus ejecutivos y afines a sus intereses comerciales. La consecuencia última de esta explotación de mentes y recursos es el deterioro del planeta hasta lo insostenible. En 2050 no habrá ya peces pescados. Probablemente, tampoco vacas de verdad ni pollos con patas. El estiércol que volcamos en los ríos y mares nos llegará al cuello. Y el calentamiento global arrasará con lo poco que quede en pie.

—Nuestra única alternativa, y la del Medio Ambiente, es una urgente alimentación basada en los vegetales. Son baratos, contienen nutrientes suficientes y esconden un mundo de sabores inimaginables para el tragón de hamburguesas medio. Solo necesitan un compromiso co lectivo y una educación desde edades tempranas.

Añade imágenes de matrimonios rubios partiendo coliflores con una sonrisa de oreja a oreja, una puesta de sol en una granja, tres planos de sacrificios animales en un matadero industrial y ya está: te has quedado sin apetito para una semana y con una congoja adentro que hará que mires al frigorífico con pavor y un remordimiento de genocida. Porque, mal que te pese, casi todo lo que exponen los expertos de *Food choices* —y de tantas otras decenas de documentales similares— refleja una parte de la realidad. Los abusos de nuestra alimentación moderna provocan enfermedades y aniquilan el mundo, en efecto. Es el mismo precio que conlleva comprar solo en franquicias de ropa, votar solo a partidos corruptos o usar solo el coche para cualquier desplazamiento urbano. ¿No lo sabías? Pues eres un imbécil de lo público, querido.

Es el abuso lo que nos está destruyendo. Hemos pasado del hambre al hartazgo, de la soledad a las relaciones sociales masivas, de la vida rural al sobreconsumo urbano, llevando nuestro modelo de vida occidental hasta un paroxismo que a veces nos asusta, porque parece escaparse de nuestras manos y conducirnos a un abismo incontrolable. Vamos a morir todos de cáncer o infartados. Nuestros hijos no encontrarán un trabajo digno. Las multinacionales preparan en secreto una generación de Terminators. Seguro que alguna universidad ha elaborado un estudio que certifica la relación de la comida industrial con los accidentes de tráfico, la tercera causa de mortalidad contemporánea después del tumor y el patatazo de miocardio. Si comes un menú whopper extra grande con patatas y Coca-Cola tienes cien veces más probabilidades de estamparte en la autopista. Sobre todo si te lo comes nada más salir del Drive Thru, mientras conduces.

La comida, reitero, es simplemente comida, en cualquiera de las formas que el hombre haya podido concebir durante 5 000 años de existencia. ¿Qué hemos comido durante la mayor parte de esos milenios sino despojos, como las ratas de Remy? Antes comíamos para sobrevivir, pero ahora, en los países ricos, comemos para entretenernos. El abuso es consecuencia de las fabulosas oportunidades que hemos conseguido en esta parte del mundo. Los pobres no pueden abusar de nada. Hay marranadas que nos satisfacen la pereza, hay manjares que nos reconcilian con la vida. Hay un montón de comida procesada que nos proporciona un término medio, alimento y aliento. Hay comida industrial, comida biológica, comida gourmet; hay comida para todos los públicos y comida que abusa de nosotros.

Buena parte de la carne que compramos proviene de animales engordados con fármacos. Los peces, los que todavía son capturados en el mar, se han alimentado de nuestras basuras y de nuestros residuos industriales. Las plantas han soportado los inviernos y las plagas con pesticidas, deben su olor y su uniformidad a decenas de sustancias de laboratorio y pasan más tiempo en las cámara frigoríficas que ancladas al tallo del que brotaron, para que así las encontremos embolsadas fuera de su temporada natural. ¿Y quién compra todo eso, sino nosotros?

En el caso de España, el proceso de abundancia y derroche ha sucedido tan deprisa —la industrialización, la democracia, la economía financiera y el Estado del Bienestar; el desempleo estructural, la corrupción, el latrocinio bancario y los recortes— que al constatar las consecuencias de nuestros despilfarros solo hemos sabido reaccionar buscando culpables alrededor. Si durante siglos hemos entendido el gobierno como algo ajeno, envilecido e irremediable, ahora atribuimos dicha fatalidad a las multinacionales y a los fondos buitre que manejan el Fondo Monetario Internacional. Si me sube el colesterol porque me encantan las pizzas, la culpa es del pérfido doctor Oetker, no mía. ¿Qué hago entonces, seguir comprándolas, o entregarme a las frutas y verduras? ¿Me hago vegano? ¿Me apunto al gimnasio para dejar de ir a los tres días, escondiéndome en la oficina para comerme las chocolatinas a escondidas? Cualquier cosa con tal de no tener nada que ver con una posible solución. La pereza, siempre la pereza.

Creemos que no podemos luchar solos contra las multinacionales, el desempleo o contra la avaricia del neoliberalismo, cuando no es así. Es más cómodo creerlo. Puedes dejar de comprar en franquicias como principal forma de vestirte, o puedes asistir a tu asamblea de vecinos para saber lo difícil que es pactar en un parlamento, o presentar una queja en el Ayuntamiento por las mierdas de perro que siembran las aceras de tu calle, o ir a una manifestación, o dejar de escuchar a ese subnormal que hace de locutor-predicador en la radio, o comprar en el hipermercado y también en el mercado, o procurar no abusar de la comida basura. O dejar de comprarla hasta que no te especifiquen claramente de qué está compuesta. O comer de todo priorizando tu felicidad, siendo responsable de ti mismo y sin complejos. Cada acto de consumo es un acto político, igual que lo es la abstención, la ausencia de un acto. Cualquiera de las dos opciones implica, en cualquier caso, un ejercicio de la libertad, y la gastronomía es, ante todo, libertad, la libertad de disfrutar con la comida de la forma en que a ti te dé la gana. Acertando y equivocándote, siendo coherente y al rato, un absoluto incongruente. El vino bueno es el vino que te gusta a ti, recuerda.

El miedo que nace al vislumbrar las consecuencias de nuestros abusos vuelve a resultar proclive para los sacerdocios, para entregarnos a los dogmas de algún gurú que nos señale el camino de la salvación, sea laboral o gastronómica. Hazte nacionalista: encontrarás en un supuesto grupo excepcional la distinción que no recibes en tu vida demasiado normal. O hazte vegetariano: solo implica un poco de sufrimiento, mejorará tu salud y tranquilizará tu mala conciencia.

Y una mierda, con perdón. Yo quiero vivir con mi mala conciencia. Yo soy yo y soy mis resacas.

La salud es una cuestión privada siempre que hablemos de personas adultas. Yo decido si quiero fumar, beber, desayunar torreznos, hincharme a panteras rosas o mantener una dieta donde convivan en imposible equilibrio los tarros de helado con nueces de macadamia de Häagen-Dazs y las chuletillas de ternasco a la brasa. Solo le pido al médico que me informe al respecto de cuanto incumbe a su competencia; y al carnicero, al lechero, al diputado, al gerente del supermercado y al fabricante del ketchup. Me deben esa sinceridad si me quieren como paciente, cliente, ciudadano o consumidor. Pero cuanto haga después con mi cuerpo y con la satisfacción de mi alma es cosa mía, es mi *food choice*, mi *life choice*.

Para desempolvarte por completo de remordimientos gastronómicos y disfrutar la magnífica liberación de la cocina —sea la tuya o la que te proporciona una empresa— lo primero que tienes que aceptar es tu derecho a intoxicarte. La salud es solo un baremo de la gastronomía, y no suele encontrarse entre los más importantes, porque todo lo que nos gusta, ya se sabe, suele engordar. Si la comida más sana fuese la más rica, haríamos cola en los hospitales para ser ingresados y poder alimentarnos de fábula. Ahora bien, tu derecho a ser un yonqui, y hasta un yonqui que de vez en cuando se apunta al gimnasio, solo se ejercita en libertad cuando eres un yonqui bien informado. Que el doctor Oetzker se deje de chorradas de la suya *mamma* y te especifique qué llevan sus masas, su queso y su beicon.

LAS TRES MIGAS

Juan Bimbo, Federico Panrico y Miguel Ortiz coincidieron en la guardería y transcurrieron juntos por la EGB, el BUP y el COU sin ser nunca amigos directos, pero observándose de lejos, con esa fraternidad que da la escuela y que no vuelves a encontrar en ningún otro lugar.

Juan tenía el pelo castaño claro, la piel nueva y pecosa y maneras suaves de pijo residencial. Ya de crío era el puro ejemplo de la elegancia natural, un chaval al que unos vaqueros y una camiseta blanca le caían con una soltura que el resto de los mortales no suelen conseguir ni aun gastándose de mayores una fortuna en boutiques de franquicia y sastres. Juan sacaba notas mediocres, pero encadilaba a los profesores y compañeros con un ralentí en su cuerpo que convertía todos sus movimientos en un principio de algo, en un amago de brillo capaz incluso de camuflar la evidente ridiculez de su aflautada voz nasal. A Juan, las eses se le despeñaban al hablar, vagas por entre los dientes. Era un espíritu flácido, un hombre blando, un orgullo lacio. Pero era buen chaval.

Federico no entendía la vida si no era al lado de un libro, los de Teo al principio y los de Ciencia o Economía al término de su brillante bachillerato. Parecía levantarse cada mañana para demostrarse que el sueño no le había adormecido la capacidad de aprendizaje ni el ansia de superación, de rozar la excelencia con su sorprendente inteligencia. Cuando con siete años le pidió la profesora una redacción sobre la primavera, le contestó que no sabía qué podía aportar «un joven escolar» a «una estación tan sobada por la poesía, donde las margaritas se convierten en plaga, las mariposas no dan asco y se agilipollan las niñas entre gusanos, pistilos y ramas». Tras varios episodios como el referido, la profesora pidió el traslado. Además de listo, Federico era seco de carnes, envarado como un palo y más largo que alto.

Miguel se gastaba un mal genio del carajo, nadie en el colegio entendía cómo podía caber tanta mala leche en alguien tan pequeño, cabeza redonda rodeada de pelo. No era un gamberro: el jodido enano, de hombros armados, era un demonio encendido e ingobernable para todo el profesorado. Se reía en sus narices, no pegaba palo al agua y les calzaba a sus compañeros más lerdos (léase empollones y tímidos de recreo) unas hostias como panes sin venir a cuento.

Y, según habrá adivinado ya el lector sagaz, de pan precisamente venimos a hablar.

Merced a una carambola del destino (que, por lo visto, juega al billar), Juan, Federico y Miguel acabaron dedicándose a lo mismo: la producción industrial de panes, bollos, tostadas y similares. A la manufactura de cereales en bloque para su consumo en desayunos, almuerzos, meriendas y cenas.

Juan abrió una fábrica apoyado en la fortuna familiar, sin ganas, por simular que sentaba la cabeza y hacer callar a su padre, que había sido militar. Para sorpresa ajena y también propia (no había participado en ninguna parte de la cadena, desconocía dónde se compraba la harina, qué tipo de maquinaria se utilizaba en la gigantesca planta o por qué los ingenieros contratados por su eficiente gerente hablaban en alemán), su pan de molde blanco pegó un petardazo en el mercado. Era blando, de corteza lacia y se mantenía fresco varios días. Facilitaba las labores maternas, lo devoraban los críos y las desdentadas abuelas; se vendía por un producto sano. Cuando el gerente le explicó esta sarta de triples beneficios a Juan, este se mesó el flequillo, sonrió y dijo: «Genial, tío. Guay».

Federico montó una fábrica desde cero. Compró un viejo silo castellano y los terrenos circundantes, que transformó en una inmensa plantación, moderna en tecnología pero artesana en su concepto. Federico quería producir pan de molde que supiera a pan tradicional. Dejó sus buenos años de juventud sudando en aquel erial, probando en el laboratorio, adaptando los hornos al calor preciso para que sus tabletas rebanadas recordaran a un obrador, no a una lámina esponjosa y sosa como las que vendía la competencia. Y tardó muchos meses más en elegir el nombre adecuado para su marca comercial.

Al final se permitió un prurito de vanidad y le puso su apellido, que tampoco quedaba tan mal.

A Miguel le habían despedido de doscientos trabajos cuando se vio delante de un abogado que, contra lo que ya era costumbre, no le informó de ninguna multa o denuncia, sino del fallecimiento de un lejano familiar que le había dejado en herencia una pequeña panadería. Empezó por probar, empeñado en que para hacer cuatro barras y media no hacía falta tanto madrugar como le sugería el viejo maestro cubierto de harina que, al parecer, se adjuntaba también con el local. Después de que le enseñaran el proceso, resolvió que duplicando la potencia del horno conseguiría aminorar los tiempos. Aquella primera cocción se volvió un infierno, la barra salió quemada por los cuatro costados. Así que, cabezón y holgazán en la misma proporción, probó a meter la masa ya cortada en rodajas, que obviamente salieron igual de carbonizadas. Pero Miguel probó una rebanada, comprobó que a pesar del estruendoso mordisco le aguantaban todos los piños en su sitio, y en voz alta sentenció: «Esto está cojonudo. Lo vendemos como Pan tostado Ortiz, y a tomar por culo».

Y así nuestros tres amigos, que entre ellos nunca lo habían sido, se hicieron ricos por distintos caminos.

Juan, gracias a su gerente, que inventaba infinitas variantes chorras sobre la misma fórmula, se sentía el más moderno. Federico, con su pan que sentía verdaderamente rico, se confirmaba *como el más auténtico. Y Miguel solo trabajaba dos horas diarias, chamuscando cuanto en su horno entraba. Una de esas mañanas repantingadas, mientras leía de lado el diario, se enteró de que el país había entrado en recesión. Cogió un cubo de trigo molido, lo cubrió hasta rebosar con los conservantes de Bimbo, moldeó el emplasto según la apariencia de Panrico, y a toda leche se inventó un de pan de molde anticrisis, que podía vender a un euro, forrarse, y de paso comerles la tostada a sus antiguos compañeros de instituto.*

Al principio tuvo problemas con algún distribuidor, pero con un par de hostias lo arregló.

10

Por qué comer bien no depende del precio

No existe cocinero en televisión que, nada más empezar el programa, al presentar su receta, olvide remarcar que cuanto va a preparar es, además de rico y sano, barato. La comida ha alcanzado tal apariencia de engalanamiento elitista, por un lado, y de costumbre perezosa que maltrata al cuerpo, por el otro extremo, que para ganar nuevos adeptos, para remozarse como un entretenimiento popular y un hábito saludable, ha de empezar pidiendo disculpas; sacudiéndose de encima los dos sambenitos que ha acarreado en su expansión comercial. «Lujo y suicidio», que señalaba Juan Cueto. Precisamente el éxito morrocotudo de Karlos Arguiñano fue probar ante la cámara que esos tres objetivos, el sabor, la salud y el ahorro, eran plausibles de combinar de un modo sencillo. Aparte de hacernos reír, por supuesto.

Lógicamente, entre la trufa de Teruel y el Sopinstant existen innumerables términos medios. Preparar unas lentejas con verduras cuesta cuatro duros y, con cierta pericia, resuelve las necesidades de manutención y disfrute de cualquier cena de miércoles. Asistido por las lecciones de Arguiñano, las lentejas se cocinan en media hora, lo cual abarata el plato a nuestros ojos eléctricos, pues el tiempo que ahorramos se ha convertido en un ítem fundamental para determinar el precio en esta sociedad estresada, donde el alprazolam ya comparte mesilla de noche con el paracetamol y el ibuprofeno. Hace medio siglo nadie dudaba de que comer bien llevaba tiempo y salía caro, porque no existía comida de clase media.

La comida tiene ahora su alta costura y sus rastrillos, con decenas de primarks, bershkas y zaras —con *delizias* y *deluxes* y clubs del gourmet— entre ambos flancos. También decathlones, porque el armario que usamos como despensa requiere, de vez en cuando, alimentos saludables, o cuando menos que lo aparenten y sean cómodos. Recitando a Juan Cueto, «la alimentación es otro más de los numerosos patrones de consumo. Por eso mismo sus significaciones se han trasladado al universo del gusto social, como la cultura, el ocio, la presentación o la representación del cuerpo».

Mercadona, por ejemplo, ha triunfado porque su comida es barata, pero no solo por eso. La comida industrial, merced a su producción en serie, suele ser siempre barata y ahorrar tiempo. Como cualquier supermercado, Mercadona permite que nos aprovisionemos solo allí, sin necesitar acudir a otras tiendas durante la semana. Pero a diferencia de un Carrefour, un Alcampo o un Eroski, los negocios de Juan Roig venden principalmente comida: no puedes comprarte una película o unas zapatillas de deporte de las que te encaprichas súbitamente, a lo loco, mientras recorres el pasillo de la carne. Con lo cual, la sensación de haber aprovechado tu dinero se engrandece. Al llegar a la caja no descubres que te has gastado 50 euros en naderías, en no sabes qué, porque de comida, lo que se dice comida, solo desfilan ante ti por la cinta transportadora un paquete flácido de lonchas de queso y dos *poliespanes* de pollo. En Mercadona, por el contrario, compras mucha comida por poco dinero y eliminas esa sensación irracional, de irresponsabilidad, que te asalta en los hipermercados donde te tientan con otras chucherías aparte de las alimenticias. Eliminas esa sensación de idiocia que te atrapa al plantarte delante la cajera y dudar de si esa cesta es realmente la tuya: «Oiga, espere, ¿qué me está cobrando?, se ha debido de equivocar de cliente… ¿De verdad he cogido eso? ¡Si yo no necesito un pelador de kiwis eléctrico! Aunque bueno, viéndolo otra vez… la verdad es que es muy mono. Sí, esta es mi cesta, aquí tiene los 50 euros».

Este bálsamo psicológico lo provoca también el Dia, igualmente circunscrito a los alimentos a bajo precio, o el Lidl, que vende comida barata y, como complemento, electrodomésticos eficaces de oferta (algo parecido al Mercadona y sus productos cosméticos). Si haces la prueba y cierras los ojos, puedes imaginarte rápidamente cómo es un Mercadona estándar, recrear su arquitectura en tu mente. Ahora, intenta lo mismo con un Carrefour. ¿Ya? No me digas que eso que ves no podría ser perfectamente un Alcampo. Ajá: Mercadona tiene un carácter propio, que para mucha gente coincide con los atributos de Karlos Arguiñano: bueno, barato y rápido. Por eso tantas personas se alimentan de Hacendado sin remordimientos: no todos sus productos son fantásticos, pero en conjunto, frente a la caja registradora, aparentan una compra razonable.

Sin embargo, restringirse a la cadena de Roig no es el patrón habitual, porque comprar en Mercadona puede parecernos sensato, pero no satisface el último atributo de Karlos Arguiñano: que sea divertido. Lo normal en nuestro modo de alimentarnos es una combinación de diversos patrones de consumo que atienden a distintas significaciones. Los viernes por la noche te regalas un restaurante, el sábado por la mañana desayunas un zumo de naranjas exprimidas y un tazón de leche con alpiste —en lugar de cereales—, y entre semana vas alternando las ensaladas embolsadas de canónigos con unos macarrones, sándwiches de jamón de pavo o del animal llamado York, un filete a la plancha, unas gulas más mareadas que revueltas como el Martini de James Bond, algún menú de comida rápida cuando te urge terminar la temporada de *The Leftovers* y algún táper que te preparó tu madre la última vez que (desagradecido) la fuiste a ver.

No más platos de mamá. Sesenta razones para no echarla de menos es un libro de recetas publicado en 2013 que condensa lo mejor de un blog —o en rigor, «un proyecto gastronómico, audiovisual y gráfico»— inventado por un grupo de amigos catalanes para demostrar que la independencia juvenil empieza por la cuchara de palo. Su manifiesto de intenciones bien podría estar sacado de la Primera Internacional, o del Breviario para el joven Jedi del insigne Yoda:

«Nunca está de más rebelarse y liarse a mamporros con los cimientos de todo aquello a lo que nos hemos acostumbrado. Al fin y al cabo, los grandes cambios vienen siempre precedidos por una época de tedio que da lugar al inconformismo, el cual genera descontento, lo que deriva en rabia y, por último, en una revolución. Hoy en día es muy fácil comer un primer plato japonés, un segundo etíope y un postre noruego. Para bien o para mal, estamos en el punto de inflexión más importante de la historia de la gastronomía».

Perpetrado por Carlos Román, Adrià Pifarré y Marc Castellví —y ya acabado—, el blog nomasdemama.com constituye un hito en la lucha contra la puta gastronomía. Sus recetas son sorprendentes, chulas, ricas y desenfadadas, caso de su tartar de salchichón. La estética de su «proyecto gráfico» recure a las fotos cenitales y a una iluminación suave, en plan filtro Valencia, pero no para fardar, sino para destacar la simplicidad de los ingredientes y lo bonitos que son. Por último, su actitud desprejuiciada y propensa al regocijo termina de subrayar al comando juvenil como la siguiente generación responsable de perpetuar la filosofía de Arguiñano:

«Las recetas están para saltárselas. Es imposible encontrar brócoli. Las recetas están para saltárselas. No me gusta el calabacín. Las recetas están para saltárselas. Ha subido el precio de la berenjena. Las recetas están para saltárselas. Me he quedado sin pimienta. Las recetas están para saltárselas.

Vivo en Escocia y aquí la panceta es diferente. Las recetas están para saltárselas, porque es absolutamente imposible encontrar los mismos productos en todas las partes del mundo. Las recetas están para saltárselas, porque a mí me flipan las guindillas en vinagre, pero entiendo que no todo el mundo es tan kamikaze como para metérselas en el buche de cinco en cinco igual que hago yo cuando me aprieto un plato de potaje de judías pintas. Las recetas están para saltárselas porque, al fin y al cabo, cada uno se rasca la espalda como más le viene en gana.»

Cuando vi su receta del tartar de salchichón, probé a hacerla con fuet y, efectivamente, salió mejor todavía. Para mi gusto enfermo, claro.

Un tartar de salchichón o de fuet es más barato que un steak tartar original, cuyo protagonista principal es el solomillo de ternera, la parte más cara del bicho. El cambio de la carne fresca por la embutida propone otro plato que es distinto y a la vez el mismo, que recuerda al original pero que tiene un carácter propio, como sucede cuando escuchas una versión salerosa de una canción célebre. Sin embargo, ¿es más barato el *Tartar de salchichón de Pablo* —nombre de la susodicha receta— que unos san jacobos congelados? Para preparar el *Tartar de salchichón de Pablo* necesitas salchichón, alcaparras, pepinillos, mostaza de Dijon, miel, ciruelas pasas deshuesadas, salsa Worcestershire, tiempo y ganas. Los dos últimos ingredientes resultan especialmente difíciles de cuantificar, pero suelen inclinar un montón de balanzas en nuestras decisiones diarias, en nuestros actos de consumo. Así que probablemente los filetes empanados del Mercadona te parezcan más baratos.

El simple hecho de salirse del circuito de los supermercados, de buscar alimentos diferentes a los que ofrece la uniformidad de los canales de distribución multinacionales, supone una molestia. Buscar un brócoli excepcional encarece la comida, tanto por lo que tardarás en encontrarlo como por su precio, lógicamente más alto que el brócoli convencional. Además, cuando descubres un brócoli sabroso cuesta regresar luego a esos ramos de novia verdes y disecados del Alcampo. Cuando descubres el huerto, cuesta volver al invernadero, esto es así. El paladar es un órgano que se convierte en seguida en un niño malcriado, como el oído cuando solo lo alimentas con buena música pop.

Además, el paladar se malcría muy rápido y en ambos sentidos: hacia la golosina y hacia el manjar. Dos términos que, en realidad, son sinónimos. Hacerse vegetariano se nos antoja una odisea porque implica renunciar a muchos recovecos de nuestra lengua, nos obliga a desterrar a un montón de papilas gustativas que se quedarán huérfanas de un montón de orgasmos. Orgasmos de una noche, orgasmos amorosos u orgasmos de Soria, pero orgasmos. Aunque reneguemos de nuestras emociones, comiendo, como amando o trabajando, siempre somos adultos y niños al mismo tiempo, máxime en una sociedad que constantemente nos impulsa a ello, a saciar todos nuestros apetitos sin calibrar muchas veces la rentabilidad *objetiva*.

Según enseñan las reglas básicas de la economía, lo bueno es caro porque cuesta esfuerzo producirlo, porque es escaso o porque es muy deseado. Y ni te cuento cuando se reúnen las tres condiciones a la vez, o sea el solomillo o el azafrán. Así funciona la oferta y la demanda, a la que no en vano denominamos el mercado, uno de los pilares de nuestro contrato social y últimamente —al permitirle los abusos—, sórdido motor del mundo. No obstante, el precio de la cosas rara vez equivale ya únicamente a su coste o posibilidades de producción, como ocurría en la era industrial. Ahora intervienen otros valores añadidos, caso del tiempo, el diseño o la sacrosanta *imagen de marca* —véase la apariencia de Mercadona como un supermercado para gente razonable—. Es otro de los cambios de paradigma que nos han dejado la globalización y la sociedad de la información. Por eso los hipermercados colocan en un tamaño liliputiense el precio del kilogramo al que venden ese producto que aparentemente está de oferta, y que viene estupendamente empaquetado y pertinentemente porcionado para tu comodidad: porque nos da igual a cuánto salga el prorrateo. ¿Merece la pena pagar las gominolas a 10 euros el kilo? Comprando una bolsa por tres euros y viendo lo contento que te pone masticar el regaliz a dos carrillos, no nos cabe duda de que sí. Ahora bien, si nos piden 10 euros en la pescadería por un kilo de berberechos nos parece demasiado. El berberecho fresco lleva más cáscara que carne, más desecho que provecho, y además hay que molestarse en hervirlo. Luego pagas 15 euros por un puñado de berberechos en lata y te resulta tan normal. El valor añadido del vapor y el envasado te ha salido por un ojo de la cara, eso sí. ¿15 euros por un gin-tonic premium con tónica india y un jardín de cardamomos flotando entre sus burbujas? ¡Por supuesto, adelante camarero!

No compramos los regalices o los cubatas solo por su precio, comparándolos en una hoja de Excel con nuestro sueldo mensual, ni elegimos el coche sopesando solo su velocidad, comodidad o durabilidad. También lo hacemos por las ilusiones de felicidad que hemos asociado a cada tipo de producto. O simplemente por las prisas del momento. Hoy, más que nunca, disfrutamos nuestra condición de consumidores irracionales, libres, lo cual ha llevado a los economistas a empezar a medir la felicidad como un parámetro añadido al nivel de renta, según explica el economista coreano Ha-Joon Chang: «Dejándonos influir por la publicidad o atendiendo a nuestro deseo de *no ser menos que los Jones* (o los Zhang, o los Patel, o los Castro o quien sea, en función de nuestro lugar de residencia), la mayoría de nosotros hemos comprado cosas que nunca hubiéramos imaginado que necesitábamos. Más allá de la alegría pasajera de la compra en sí, esos bienes incrementan poco nuestro bienestar». O quizá incrementan otro bienestar, de orden psicológico, que el neoliberalismo trata de cuantificar mientras en lugar de bienes y servicios nos vende «experiencias», es decir, ilusiones intangibles. Si la comida rica no respondiera a esa fórmula de necesidad, exclusividad y adorno, nunca podría haberse convertido en otro de nuestros patrones de consumo capitalistas. Así que la cuestión no es si sale barato cocinar bien o comer bien, sino hasta qué punto merece la pena gastarse los cuartos en nuestra dieta. Y eso lo tienes que decidir tú.

Acostumbrarnos a comer estupendo implica un esfuerzo de aprendizaje y de búsqueda, que lógicamente se va acortando conforme adquirimos la pericia necesaria para ilustrar unas lentejas caseras. El paladar acaba por hacer que te compense la inversión, en efecto, pero también te empuja a subir la apuesta. Porque al despertar la sensualidad aparece la tentación del vicio. Añádele un chorizo a las lentejas. Prueba ahora cambiando el chorizo por un confit de pato. Un chorro de vino dulce le quedará también muy bien. Y unos trozos de calabaza, quizá con un poco de vinagre de Módena y unas guindillas picantes para equilibrar el dulce. Voilà: ya estás inmerso en el fantástico proceso de comer bien, que cada vez, por pura inercia dionisíaca, te saldrá más caro. Querrás salir más a menudo a cenar fuera y probar restaurantes más sofisticados. Apreciarás mejor los vinos y te interesará el champán. De repente no podrás seguir guisando con la pota del Ikea y soñarás que compras una gran olla de hierro colado de Le Creuset, a ser posible naranja. 300 pavos cuesta. Sí, 300 pavos, una barbaridad. ¿Pero sabes qué? Te merecerá la pena. Ya lo creo.

No solo eso, sino que cuando llegues a ese estadio de *bon vivant*, todos a tu alrededor se interesarán por tu afición manirrota y la aplaudirán. Irradiarás una felicidad contagiosa. Mi Le Creuset me la regalaron dos de mis mejores amigos, cuyos ingresos no les permitían precisamente ese tipo de dispendios. El regalo me emocionó tanto que me pasé un fin de semana decidiendo cómo iba a llamarla, pues tengo la costumbre de bautizar a todos los objetos con los que me encariño. En el caso de mi hermosa amiga gorda, tenía que ser un nombre francés, acorde con la marca del puchero. Mi amigo Patricio, que andaba por ahí cuando recibí el obsequio, me sugirió al preguntarle que le pusiera Brigitte.

—Ponle Brigitte, anda, *surnormal* —dijo, exactamente.

Pero me sonaba demasiado delicado. Barajé Claudette y también Charlotte, pronunciándolos en voz alta mientras cavilaba. Transcurridos unos seis segundos, aproximadamente, me planteé si todos los nombres femeninos franceses acababan en *tte* o si yo, por contra, quién sabe, quizá, era indiscutiblemente *surnormal*. Al final la bauticé Bernadette, que me evocaba —y me evoca, tras mucho usarla— a una señora ancha y cálida. Es un nombre que le sienta bien. Porque Bernadette me ha enseñado lo impagable que es el tiempo en la cocina: cuanto más inviertas, cuanto más lento guises o más paciencia dediques, mejor sabe lo que arrojes al puchero.

Por mi experiencia, la cocina te vuelve paciente, y la paciencia relativiza el coste de cualquier actividad humana: recorrer los puestos del mercado, hacer cola, preguntar, dudar, probar, equivocarte. Una vez que te han contagiado el vicio del buen comer, todas esas ocupaciones dejan de suponer un engorro y pasan a completar el amplio disfrute del universo culinario, del que nunca, sin embargo, ya te sacias. Sabes que has aprendido a amar la comida cuando te gastas más de lo que deberías en manjares y golosinas. Sabes que has aprendido a cocinar con pericia cuando consigues componer un plato sabroso con lo que encuentras por los armarios, con las sobras, pero necesitas una pota de 300 euros para sentirte completamente feliz apañándolo. ¿Incongruencia? Por supuesto, caballero.

En resumen, y retorciendo la cita de aquel asesor de Bill Clinton: «No es el dinero, es el tiempo, estúpido». El coste de comer bien depende del tiempo, de la intensidad que le reservemos cada día a nuestras lentejas. Y cuando aprendas a divertirte cocinándolas, cada vez les dedicarás más energías, sin importarte si te cuestan más caras que bajar al Mercadona, comprar un bote de legumbres y calentarlas.

«No permitimos que nada, nada, nos robe más que unos pocos minutos de nuestro preciado tiempo, ese que, según nos empeñamos en repetir —recurriendo a un tópico explotadísimo hasta la saciedad—, es oro. Por ello, esperamos que comer bien sin tener que invertir más de un cuarto de hora. Por ello, hemos ido renunciando poco a poco al sabor en aras de despachar un almuerzo lo antes posible. Y sí, por ello, hemos terminado por comer corcho. Algo se está haciendo mal cuando una actividad que se presupone placentera cambia radicalmente hasta convertirse en una rutina. ¿Acaso pasa lo mismo con el sexo?», preguntan mis amigos de *No más platos de mamá*.

Vamos a verlo.

Tatiana conducía con el desparpajo de una furgoneta de reparto. Por el increíble mérito de haber aprobado el COU, su padre le había regalado un viejo BMW algo destartalado, pero todavía rojo, que Tatiana manejaba como si fuera una máquina que necesitase aprender por las malas quién estaba al mando. Cuando cambiaba de segunda a tercera, rugían de dolor todos los condenados de este mundo desde un purgatorio de pistones y de humo, y cualquier viandante en dos kilómetros a la redonda se sentía en peligro aunque caminase bien pegado a la pared. Conduciendo, Tatiana compungía las calles. Pero a ella le daba igual, la suya era la forma adecuada de conducir aunque llorasen de rabia todos los campeones de Fórmula 1. Porque Tatiana era pija, y para las pijas, el mundo es exactamente así: como ellas lo necesitan las pocas veces que lo miran.

Conocí a Tatiana durante la primera semana del primer curso de una carrera que luego decidí no acabar. Instantáneamente, me enamoré de ella. Era hermosa de arriba abajo, e inalcanzable: el pelo rubio, grueso y alterado; el cuello delicado como un trago de champán; la carpeta siempre colocada sobre dos encantadores melocotones de Calanda todavía sujetos al árbol. La cintura de cojín; el culo supino, perfecto, pétreo, un globo terráqueo moldeado por la disciplina de las clases de gimnasia rítmica…, y las piernas, aquellas malditas piernas que surgían de su minifalda como un pantócrator para separar al mundo en castas. Al lado de aquella diosa de Don Algodón, yo era un poco más que un estropajo.

Por fortuna, se me daban bien la matemáticas, una ciencia incompatible con la idiosincrasia de Tatiana, quien, como buena pija, solo concebía las sumas. Para las ninfas de papá, las restas y las divisiones pertenecen a otra aritmética, lejana y vulgar. Pero Tatiana, aun nacida para ser satisfecha por cuanto le rodeaba, necesitaba también aprobar primero de Álgebra, porque papá se había empeñado en matricularla en ingeniería industrial a fin de continuar una próspera saga burguesa. Nunca le podré agradecer a aquel insensato que, en su empeño por imaginar otra hija, de rebote la depositara ante mí con su fruta fresca, su vello amarillo y sus lazos.

El primer día que me descubrió en la biblioteca de la facultad tomando notas de dos tochos de cálculo abiertos de par en par, Tatiana me asaltó como si se hubiera topado con un empleado del servicio justo cuando le empezaba a apetecer la merienda:

—¡Hola, ¿tú estás en mi clase, no? Sí, sí que lo estás, me suena tu cara, vas con ese tío tan raro de los vaqueros rotos. Vaya pinta lleva. ¿Me podrías ayudar con las matemáticas, porfa? Soy un absoluto desastre y estoy desesperada, voy a suspender seguro, jajaja —me dijo riendo, apretando la carpeta y bamboleando la cintura.

Con solo olerla, tuve que cruzar las piernas bajo la mesa.

Desde ese momento me convertí en el profesor particular más feliz de España. Quedábamos a las cinco, yo le enseñaba derivadas y logaritmos, y la contemplaba en su arrebatadora incapacidad. Al acabar, ella me concedía el detalle de llevarme a casa en su BMW. Qué dulce suplicio aquellos viajes. El miedo me impedía mirar al frente, así que me agarraba con la mano derecha a la puerta y con la izquierda al cinturón, sin dejar de sonreír. Con disimulo bajaba la vista e imaginaba que los bucles de su pelo dibujaban la sucesión de Fibonacci, mientras ella embocaba calles como una terrorista a la fuga, hablando sin parar de sus naderías, atravesando su planeta de crema, pateando su primera herencia familiar. Poco a poco, sin embargo, el miedo se disipaba y su voz se me iba apagando.

Dejaba de escucharla, embelesado por la fortaleza con la que sus piernas pisoteaban los pedales, observando cómo su brazo de bailarina maltrataba la palanca de cambios y los melocotones de Calanda se le agitaban asustados en el árbol del edén. En cuanto entraba por la puerta de casa, me iba directo al baño. Allí le rezaba a Dios porque algún día Tatiana se confundiera y, al ir a pasar de segunda a tercera, echara la mano un poco más al lado.

Un día me armé de valor y la invité a cenar. Le conté que cocinaba, que podíamos preparar el examen final en mi piso alquilado y comer después algo que le gustara especialmente. Yo lo cocinaría.

—¡Vale, me chifla el sushi, me vuelve loca! —contestó de inmediato.

Bajé del coche y me fui directo a una librería. Compré un recetario de comida oriental, que leí a toda leche camino de un supermercado gourmet, donde me dejé la mitad de la mensualidad que me mandaban mis padres en arroz, pescado, algas cuyo nombre me sonaba a chino y en media docena de condimentos igualmente desconocidos y sin instrucciones de uso. Lo más que me había aproximado hasta ese momento a la gastronomía asiática era el teléfono para hacer los pedidos domingueros al restaurante La Gran Muralla, «arroz con gambas, tallarines con ternera y dos rollitos». Pero me puse manos a la obra. ¿Quién dijo miedo?, banzai.

El sushi solo pudo inventarse en Japón. Requiere maña y una inquebrantable paz con la vida. Es, por tanto, imposible elaborarlo cuando te atenazan lo nervios justo debajo del estómago. Además, aunque parezca simple, conviene probarlo antes de servir. Todo eso aprendí ese día.

La cara de Tatiana cuando puse sobre la mesa las dos bandejas con mi presunta comida japonesa fue digna del mejor animé: ojos de Candy Candy aterrorizada.

—He decidido hacerlo redondo. Me ha parecido más original —le expliqué, en una de las mentiras más apoteósicas que he improvisado nunca.

Atrapada en su buena educación, Tatiana cogió con mala gana una de aquellas albóndigas de arroz emplastado entre algas y salmón y la dejó caer en su boca con gesto de condena. La tragó sin masticar.

También les he puesto los condimentos adentro, para que le den más sabor —añadí, queriendo animarla.

Pobre Tatiana. Su cuerpo se convulsionó de tal forma que hasta los melocotones parecieron madurarle de golpe a través del polo Lacoste. Vomitó allí mismo, en el baño, en la escalera, en el asiento del copiloto del BMW, y todavía vomitaba mientras yo le explicaba al médico de urgencias que le había sentado mal un plato oriental.

—¿Qué llevaba el sushi? —me preguntó el doctor en voz alta para superar el volumen de las arcadas de Tatiana, a la que sujetaban dos enfermeros para que atinara a vaciar mi cena en un barreño de metal. Sus piernas temblaban bajo la minifalda. No pude retirar la mirada cuando, en uno de los espasmódicos desagües, empezó a asomarle una nalga.

—Eeeeh…, pues el sushi llevaba arroz, salmón, algas…, un chorro de soja y una pasta verde que me dijo el de la tienda que era muy característica de Japón.

Tatiana no se presentó a aquel examen de Álgebra. Y aunque la esperé durante semanas en la biblioteca, no volvió a llamarme jamás.

Creo que cambió el BMW por un Volkswagen Golf.

11

Por qué la comida es pornografía

En *Un soplo en el corazón*, la película más censurada de Louis Malle, el adolescente Laurent Chevalier mantiene una relación edípica con su madre, por la que se siente atraído y a la vez mancillado, al no reconocerle como un joven-casi-adulto. En mi escena favorita, Laurent intenta demostrarse su masculinidad comiendo solo en el restaurante de aquel balneario donde sucede el susodicho soplo cardiovascular. Se sienta todo chulico y pide un menú impropio para sus 15 años:

—Póngame huevos al plato, foie gras y tostadas, y una botella de Château Lafite del 74.

El camarero, desconcertado por la incoherencia entre el tamaño físico y la determinación de su cliente, le informa mascullando de que tienen medias botellas de vino. A lo que el guaje, envarado de orgullo, le contesta con voz de mariscal:

—¡¿Quién ha hablado de media botella?!

Laurent hincharía de orgullo a su compatriota François Marie Charles Fourier, cuya utopía ya hemos mencionado aquí. En *Valor educativo de la ópera y la cocina*, Fourier explica de esta forma su confianza en la buena mesa como un catalizador incomparable para reconducir los frenesíes juveniles hacia algo provechoso:

«Cuando hayamos demostrado que la gula conduce a la riqueza y a la industria, alcanzaremos gradualmente la prueba a su favor frente a las pasiones más criticadas en la adolescencia, como son el amor y la ambición, y su examen nos convencerá de que todas estas pasiones, en la mecánica social, se encuentran admirablemente distribuidas en cada edad para conducir a la industria y, en consecuencia, para asegurar al cuerpo social el acceso a la riqueza y a los restantes objetivos».

Fourier creía, en resumen, que si le enseñas a un crío a cocinar y a comer bien, ese aprendizaje le conducirá hasta una buena alimentación y, por extensión, hasta un disfrute de todo lo estupendo que contiene la vida. Sabrá diferenciar lo adecuado de lo inconveniente, lo eminente de lo mediocre, y ampliará ese paladar concupiscente al resto de los entornos donde se tenga que mover de adulto, mejorándolos. Será un hombre suntuoso, cultivado —fuere o no culto— y por lo tanto útil para su sociedad.

Estoy de acuerdo. En mis 47 años he resultado más útil para la sociedad como comensal y cocinero doméstico que como periodista, marido, tributante o hijo. De hecho, la dos primeras condiciones han mejorado el resto. La comida ha ennoblecido «las pasiones más criticadas de mi adolescencia», descargándolas de solemnidad. Gracias a mi educación culinaria (que como la mayoría ha sido familiar y autodidacta) he aceptado el error, he apreciado el azar, he ampliado mi curiosidad, he redimensionado mis penas y he despejado mi lujuria de cualquier sombra de remordimiento. La naturalidad ha ocupado su lugar, como merece una buena vida frívola. En ningún lugar me he sentido más libre para hacer el cerdo que en una cocina. Mis mejores ayuntamientos amorosos se han desarrollado casi siempre después de una gran cena. Es más: durante las últimas navidades descubrí perplejo que fui concebido en el puro placer.

Avanzaba la Nochebuena en casa empujada por sus correspondientes botellas de cava cuando le dije a mi padre que tenía que probar una de mis últimas epifanías, las ostras Gillardeau: «No veas qué cosa, papá: salinas y dulces a la vez, golosas, tiernas, temblorosas en la boca como…, como tú ya sabes». Mi padre arqueó los ojos y replicó cual personaje de Garci: «Ostras, mmm… Nosotros de recién casados desayunábamos muchos días ostras con champán. ¡Qué tiempos!».

Al escucharle el recuerdo, mi madre, que incluso participando en otra conversación siempre monitoriza la de su esposo, viró la cabeza y apostilló: «Ya sabes que este hombre es algo hiperbólico, David, además de un hipérbaton, siempre meando fuera de tiesto. Sin embargo, su sinécdoque no miente del todo: un 1 de enero en efecto desayunamos eso». Así es mi madre: una metáfora de mujer. El caso es que les pregunté en qué arranque de año disfrutaron de semejante lujuria. Se pusieron a echar cuentas, discutiendo, y concluyeron que hacia 1971. La fecha despertó el asombro de toda la mesa, incluido el suyo propio: yo nací el 5 de septiembre de aquel calendario. En ese preciso instante entendí por qué salí trastornado, por qué mi relación con el alcohol es idéntica a la de un gremlin con el agua y por qué con los años me he convertido en un experto del comer. Ingiero de todo y lo mismo me emociona una ostra con amigos en un bar que el sabor salino de una ingle después de haberse bañado en el mar. O en una piscina.

«El deseo de amor que se despierta tras una comida exquisita es indudable, como saben muy bien los libertinos avezados», apunta Manuel Martínez Llopis en *La cocina erótica* refiriéndose —evidentemente— a ese gustillo que te asoma por lo meridiano tras rematar un festín, cuando el riego sanguíneo desciende del cerebro al estómago y se acumula en los aledaños de tu abdomen para facilitar la digestión, abandonándote la cabeza a un agradable sopor. Después de comer estupendo, la sangre se remansa y te acuna.

Martínez Llopis, aparte de un gastrónomo encomiable

—fue impulsor de la Academia de Gastronomía y autor de la *Historia de la Gastronomía Española*, publicado en 1981—, tenía como oficio el de médico, así que sabía de qué hablaba por partida doble. En su *Cocina erótica*, un curioso compendio de recetas presuntamente afrodisíacas, Llopis, para aumentarnos el calentón, cita a su vez al insigne crítico francés Maurice Edmond Saillant, conocido mundialmente por su apodo, Curnonsky: «La boca nos ha sido dada para comer, pero también para acariciar. Todos los grandes enamorados que he conocido eran verdaderos gourmands. El amor es una golosina». O traducido por el madrileño: «Existe una concatenación recíproca, pues la boca acariciante, enardecida sexualmente, sugiere el amor sexual y, recíprocamente, la satisfacción del instinto genésico incita al placer gastronómico». Que la carne conduce a la carne, vamos. Si los colegios incluyesen clases de cocina, quizá los adolescentes entenderían mejor la verdadera y maravillosa naturaleza de su revolución hormonal.

Desde este enfoque, la moderna etiqueta del *food porn* escandaliza menos de lo que pretenden sus promotores en las redes sociales. Una foto de un pato lacado o de un aguachile de mero, retocada hasta desquiciar el contraste y el color, provoca punzadas de tentación lasciva en cualquier sibarita, por supuesto; casi en cualquier hijo de dios con las gónadas en su sitio. Esas imágenes sobreexpuestas suelen además ofrecer perspectivas cenitales o cercanísimas, como las de mi querido Gastromonguer, perspectivas imposibles en la realidad porque nadie come totalmente de pie sobre un plato o pegando la nariz al muslo del pato. Al igual que las viñetas de un cómic o el cine pornográfico, el relato visual del *food porn* está compuesto por planos y colores que no existen en la realidad o que el ojo humano no suele captar, que nunca vemos hermoseados bajo una composición plástica tan atractiva. Cuando estás sentado o tumbado o inclinado sobre otro ser humano haciendo el ardor no disfrutas de los detalles o de los tiros de cámara que encuentras en una orgía gonzo de Rocco Siffredi, donde hasta las babas brillan bien. Sería imposible follar así, o comer así: la sangre se volvería loca sin saber hacia dónde dirigirse entre tanto estímulo voluptuoso.

Cocinar desmelena, comer te calienta, y fotografiar o grabar ambas actividades con una estética cinematográfica les amplifica la dimensión sensual. Lo confirma también el éxito de los programas de cocina: ver cocinar en televisión relaja. No solo porque los presentadores trabajen con las manos, sino porque la coreografía de la preparación de un plato ante la cámara, correctamente editada, bien iluminada y acompasada con una melodía agradable, abre un montón de apetitos, del contemplativo al puramente palatino. Jamie Oliver ha creado escuela por su contagioso entusiasmo, pero también por las bonitas fotografías de sus libros y su colorida puesta en escena en televisión. Yo soy fan hasta de las sintonías de sus programas. Sin embargo, no congenio con *Masterchef* ni similares, precisamente porque apenas ves cocinar, de la misma forma que me sucede con el documental de los hermanos Roca. En *Masterchef* lo importante no es la cocina, sino la competición y el *reality*, y por eso no me excita tanto como ver a Jamie Oliver estrujando un limón todo loco en mitad de la Toscana.

La edición infantil del programa de Televisión Española reúne a un montón de críos marisabidillos capaces, al parecer, de emular proezas de grandes chefs con la misma soltura con la que yo me corto al picar el hinojo. Más allá de su veracidad, lo cierto es que *Masterchef Junior* revela hasta qué punto ha llegado la afición a la gastronomía en España, a la par que empuja a cientos de chavales a intentar freír un huevo, cosa que muchas veces sus padres y madres ya no sabrían hacer sin un tutorial de YouTube. Desde ese punto de vista, la inquietud por algo que ya no enseñan muchas familias ni tampoco las escuelas lo está propiciando la televisión. No es el sueño de Fourier, pero apunta al mismo camino, aunque su difusión venga acompañada de la ubicua aspiración por ganar la fama.

Esa es la verdadera pornografía de nuestra época: el culto al ego, la cantidad de atontados que se han tomado la celebérrima cita de Andy Warhol al pie de la letra y que en pos de su consecución renuncian a toda sensatez. ¿Los niños de *Masterchef Junior* quieren ser cocineros o famosos? ¿Quieren 15 minutos de delantal en todas las cocinas de España o una vida de celebridad? ¿Las adolescentes que graban porno amateur persiguen unos ingresos fáciles, ven una oportunidad laboral más sugerente que un McDonald's, o aspiran a conseguir una estrella lúbrica en Hollywood?

El origen de la palabra *pornografía*, de su raíz griega, se encuentra en los tratados sobre la prostitución. Hoy en día, sin embargo, la asociamos con la primera acepción del DRAE, con la exposición cruda del acto sexual, es decir, del placer carnal. Y en ese sentido todavía se entiende mejor que la comida resulte siempre pornográfica. Su contemplación produce un estímulo visceral e instantáneo, solo que más tolerado socialmente que la exhibición de un coito con una cámara subacuática, donde seguimos observando cierta forma de prostitución.

La generalización de la pornografía —su consumo ronda el 25% del tráfico mundial de internet, principalmente testicular— responde a los mismos motivos que la comida: una sociedad desmesurada en su relación con el placer, a ser posible cómodo e instantáneo, que además dispone de los canales de comunicación para atiborrarse. Consumimos más porno que nunca porque nunca el porno ha sido tan bueno, tan variado y tan accesible, permitiéndonos que nosotros, el público, seamos también los emisores de contenidos gracias a la simplificación de su producción y difusión. A mí me parece bien, porque democratiza: ver porno instruye en una disciplina para la que no existen tampoco escuelas y sobre la que sigue sin hablarse con normalidad en sociedad. Casi toda la educación sexual está orientada a evitar enfermedades más que a desprejuiciarse y aprovechar al máximo las posibilidades del cuerpo, de la misma forma que los «desayunos saludables» de los colegios —unas de sus escasas actividades gastronómicas— dirigen su consejos a la consecución de una vida sana desde el punto de vista exclusivamente cardiovascular.

El abuso, lógicamente, también se ha desmadrado, pero sobre todo hacia afuera: hay más pornografía en un videoclip de rap convencional, en sus coristas esclavas, sus cantantes proxenetas y en la coreografía percutora, que en toda la filmografía de Russ Meyer. Por no hablar de las bocas de las modelos de alta costura o de los coitos a oscuras de *Gran Hermano*. Pero de nuevo el extremo del fenómeno no puede arruinarnos su verdadera condición de progreso. Además, ¿dónde termina la liberación y comienza el libertinaje? Seguro que a mucha gente el final de *Un soplo en el corazón* le parece una aberración, pero esa percepción personal no puede negar que se trata de una de las mejores películas posibles sobre el despiste de la adolescencia.

La pornografía disfruta de especial predicamento precisamente por lo adolescente de nuestra sociedad, narcisista y hedonista, e impulsada a fuerza de imágenes más que de palabras. Para el fotógrafo Joan Fontcuberta, el *selfie* simboliza ese nuevo relato, que denomina «posfotografía» y al que nos hemos adaptado todos para contar nuestras vidas en la red. Un relato que siempre se mueve entre «el ego y el eros»:

«Por primera vez en la historia somos dueños de nuestra

apariencia y estamos en condiciones de gestionar esa apariencia según nos convenga. Los retratos y sobre todo los autorretratos se multiplican y se sitúan en la Red expresando un doble impulso narcisista y exhibicionista, que también tiende a disolver la membrana entre lo privado y lo público». Sin embargo, a juicio de Fontcuberta esto no debería despertar alarmas, ya que configura otra zona de libertad. La «avasallante irrupción» del *selfie*, dice el fotógrafo, «debe leerse en clave de gestión del impacto que deseamos producir en el prójimo. No olvidemos que por primera vez en la historia esa gestión no depende de fabricantes de imágenes ajenos a nosotros, se trate de artistas o fotógrafos profesionales, sino que está en nuestras manos. Por tanto, también lo está su sentido moral o político, y la responsabilidad que esa facultad entrañe».

El sentido del *food porn*, o simplemente de la imparable fiebre *foodie* en las redes sociales, también lo atribuye el receptor. Para mí, funciona cuando la sensualidad supera al narcisismo, cuando pretende comunicar una pasión aupado por el cómodo recurso de un exagerado tratamiento fotográfico. Es más rápido utilizar un filtro que filtrar las emociones que te provoca un plato y escribirlas. Pero aún así, mi cabreo con Gastromonguer en aquel viaje promocional no lo provocó tanto su exasperante pérdida de tiempo con el móvil, sino que el fulano *no comiera*. Como en ese capítulo de *Black Mirror* donde la protagonista, una pobre diabla, lanza una coqueta foto de su desayuno antes de probarlo para engrosar su cuenta de *likes* y, al morder luego la galletita con forma de corazón que acompaña al café, se le tuerce la cara de desagrado. Eso es exhibicionismo, casi prostitución; no porno. En la famosa escena del frigorífico de *Nueve semanas y media*, por contra, no dejan ni una miaja de miel en la nevera.

«*Nueve semanas y media* eligió para los juegos sadomasoquistas la miel, las cerezas en almíbar que Mickey Rourke da de comer en la boca a Kim Basinger, quien tiene los ojos vendados; lamerá su piel manchada y hasta deslizará por su vientre cubitos de hielo con maestría voluptuosa en una concepción narrativa de un spot televisivo. La miel con su textura, su color ámbar, el sabor dulce, embellece el cuerpo. Un hábito en los países del Este consiste en derramar la miel en la palma de los recién casados, que deben mantenerla recíprocamente antes de tomar juntos la primera comida. De este modo, el hombre solo acariciará y la mujer dirá bonitas palabras de amor». Así lo analiza Marta Belluscio en *Comida y cine, placeres unidos*, cuyo repaso a las marranadas más habituales en la gran pantalla muestra una preponderancia del dulce tremenda, lo cual encaja con una sociedad adicta al azúcar: «La apuesta más segura para la fantasía sexual podría ser el chocolate o por lo menos para la satisfacción oral. Considerado un afrodisíaco de gran potencia, varios filmes duchan a las heroínas con él. Una escena de *La vida es dulce*, de Mike Leigh, muestra el cuerpo femenino cubierto del chocolate embriagador (los cristianos le echaron vainilla y azúcar para quitarle el poder diabólico), y el compañero paseará su lengua cadenciosamente sobre la virgen maya».

La comida es una seducción dulce que muchas veces acaba persiguiendo otra, llámese Tatiana o los carnosos labios de Kim. Una vez tuve un amigo que, cuando quería seducir a una tía, la invitaba a cenar a casa y le asaba un rodaballo. Decía que nunca fallaba. Solo sabía cocinar eso, pero siempre mojaba. Supongo que a mi amigo se le percibía la intención en la textura de aquel rodaballo, en su carne voluptuosa. Que el aroma salino del animal sugería su inquietud meridional; que las rodajas de limón, ancladas en el lomo del pez como marcando un sendero, delataban la acidez de su propósito, y que las víctimas de su plato único recibían sin notarlo esos efectos subterráneos, avanzando, bocado a bocado, hacia la cama de mi amigo sin darse cuenta del ardid que les había urdido.

El rodaballo me ha quedado asociado al recuerdo de aquel amigo, entonces un casanova de barrio con una sola receta, aunque ciertamente eficaz. Siempre que paso por una pescadería y veo expuesto un ejemplar del tal pez chafado pienso si todas sus novias fugaces se acordarán igual, con ese resorte que determinados olores o canciones desatan en la cabeza. Alguna, quizá, todavía verá un rodaballo tumbado entre hielos y notará corretearle algo por los bajos, como a otras les aflorará un rencor amargo, o una sonrisa por la cual les preguntará el marido, obligándoles a mentir con gusto, porque hay memorias que han de guardarse para uno mismo, sobre todo las que se alojan entre muslo y muslo.

Como soy algo raro, colecciono otras asociaciones de personas y animales aparte del citado rodaballo y aquel dandi de extrarradio. Siempre que como fuet me acuerdo de Pedro, de nuestras noches jugando a la Playstation, bebiendo White Label y escribiendo artículos mano a mano. También, por defecto, comparo todos los micuits que pruebo con el que me enseñó a preparar Jacinto e irremediablemente acabo echándole de menos, a él y a su delicioso hígado de pato cuidadosamente cuajado, como siempre cuaja todo Jacinto, un auténtico hombre tranquilo. Y así con media docena de seres humanos a los que aprecio y a quienes enlazo en mi trastero sentimental con otros tantos platos magníficos, incluido por supuesto mi queridísimo Patricio y su lasaña. O su fabada, la mejor del mundo. O su besamel de manteca, que requiere ser removida con un meneo de culo muy preciso.

Me gustaría dejar un recuerdo similar a mi alrededor.

Mis últimas asociaciones de recetas y personas están ligadas todas a un tipo que desde que apenas levantaba un palmo y medio del suelo se convirtió, por decisión propia, en mi pinche de fin de semana, cuando aprovecho las mañanas del sábado y del domingo para relajarme preparando de un tirón la comida de los próximos cinco días laborales. Yo cocino en cadena, a cuatro fuegos, y él pela, pregunta, mancha, pela, prueba, pregunta, pregunta, mancha, corta, está a punto de cortarse mil veces y vuelve a preguntar, porque desde que aprendió el control de su lengua habla como una cotorra vieja. A base de dar la chapa, este enano feliz ha conseguido que los espaguetis a la carbonara y los huevos revueltos —sus dos primeros logros en solitario— queden ya asociados en mi memoria a su franca sonrisa de piños desordenados. Y no soy el único. A Michael Pollan le sucede lo mismo, según cuenta en *Cocinar*:

«Los domingos se han convertido en un pasatiempo que estoy deseando que llegue. Isaac suele acompañarme, se trae el ordenador portátil a la cocina y hace sus deberes mientras yo pico las verduras, las rehogo, las sazono y las remuevo. En ocasiones se levanta para echarle un vistazo a la olla, coge una cuchara, prueba lo que estoy preparando y me aconseja de forma voluntaria que le añada algún condimento (...). Me he dado cuenta de que el mejor momento para hablar con un adolescente es mientras se hace algo distinto, y las horas que pasamos juntos en la isla de la cocina, durante lo que será su último año en casa, se han convertido en los momentos más agradables y llevaderos que hemos pasado juntos. Creo que él piensa lo mismo».

La cocina funciona como seducción siempre, hasta cuando no esconde una intención sexual. Hasta sin rodaballo. No obstante, ignorar su condición voluptuosa significa desaprovechar una colección de emociones que solo se pueden descubrir a partir de la observación y la experiencia. Las prohibiciones nunca terminan con las emociones, las desgobiernan más bien. Si por el contrario alientas la exploración concupiscente, como pretendía Fourier en su utopía para los niños de sus falansterios, probablemente conseguirás que los alumnos se dirijan ellos solos hacia el lugar donde crees que deben llegar, en este caso, al disfrute del regalo diario de comer. Ensalzando así lo que, en el fondo, nunca ha dejado de ser nunca un comportamiento tan bestial como el sexo, por cierto:

«Ahora imagínese un manjar que invita a liberar al caníbal que todos escondemos y a disfrutarlo con la mano, manchándose y gozando en cada dentellada su diversidad de texturas, desde los vaporosos sesos, que yo me reservo para el último bocado, pasando por la tersura de la lengua que invita a balar de gozo y las gelatinosas carrilleras. Plato, como ven, de facilísima elaboración, barato, orgiástico y brutal».

Esta descripción podría pertenecer a un monólogo de Hannibal Lecter en *El silencio de los corderos*, pero está entresacada de la introducción a las recetas elaboradas con cabezas de animales que propone *De tripas corazón*, el magnífico manual de casquería de Abraham García, magistral cocinero del restaurante Viridiana y uno de los escritores de gastronomía más sensuales y divertidos de este país. Al principio de su libro, Abraham advierte: «Las recetas, salvo que indiquen lo contrario, están pensadas para cuatro raciones, considerando esa la medida de las familias españolas a excepción de las gitanas y el Opus. Claro que, conociendo mi saque y mis arrobas, es previsible que la mayoría alcancen para seis, o para cuatro y un cura. Por lo demás, nada le impide elaborarlas para parejas de tres o, fomentando el amor propio, para uno mismo». Una descarada alusión al onanismo.

Quizá resulte extraño mezclar en un mismo razonamiento la pornografía y la educación escolar. Pero ahí reside la grandeza de la verdadera gastronomía: en que integra todo, que nos explica con un relato amable en lugar de dogmático. La comida como deleite y también intoxicación. Su industria, como una conquista de la civilización y a la par, como un abuso del planeta. El vino como droga y misterio, como risa y resaca. O el arte y la ciencia, el sexo y la siesta, el privilegio del rico y la miseria del pobre, la rebelión de las mesas y la manipulación global de las multinacionales del lucro. El comensal animal y el intelectual, Gastromonguer y Josep Pla, las abuelas y Ferrán Adrià. La fábrica hipertecnológica y el amasado manual, la golosina y el manjar, el brócoli y el chuletón, la dieta y el menú degustación. Lo que eres y lo que te gustaría ser, lo que comes y lo que te gustaría comer.

Eso es lo que aprendí la primera vez que hice pan: la dualidad inevitable que encierra mi vida. La feliz soledad de ver fermentar una masa, frente a la urgencia de compartir esa intimidad en las redes sociales y, por supuesto, de sentarte a comerte la hogaza rodeado de buena gente. La mesa es un mueble imposible de fabricar para una sola persona. Aunque sea por el canto, siempre caben dos, siempre cabe alguien más. Como en la barra de ese bar celestial donde nos espera Julio Camba.

Vermú santo

Después de hacer la primera comunión, los curas les dijeron a mis padres que debían llevarme a misa una vez a la semana, preferentemente en domingo. Mis padres creían lo justo. Pero mi madre decidió que había que cumplir. Y muy seria, como es ella cuando quiere asustar, encargó a mi padre llevarme, cada mañana dominical, a escuchar la Palabra y a comer el Pan.

Salíamos endomingados los dos, yo apenas alcanzando sus rodillas —flacas rodillas de cabra—, y de la mano nos dirigíamos hasta una de las grandes avenidas de Zaragoza, ciudad amplia para que el viento campe a sus anchas, ay maña. En esa larga calle cuyo nombre no viene a cuento, y aproximadamente hacia mitad del paseo, asomaba un garaje en cuya entrada, de forma inexplicable y sorprendente, se ofrecía un bar. Cutre y oscuro. Un bar marinero. En plena capital de los Monegros. Un bar con una enorme red en el techo donde, colgando malamente, se sostenían, en agujereada entraña, anclas de mentira, langostas de corcho y mejillones descomunales como el bostezo de una chacha. Aquel bar no olía a mar: olía a sudor a la plancha.

Mi padre era saludado como el Marqués de la Bocachancla. Y él, a su vez, hombre de corazón bruto e inabarcable, hombre claro y divertido, perspicaz pero sin don alguno de la oportunidad, mi papá, vaya, empezaba a decir chorradas hasta que no quedaba nadie por reír de verdad, tal era su afán, tales sus desnudas ganas de disfrutar.

Pedía de todo, entre cañas y cañas, una Fanta para el chaval, y me explicaba punto por punto, bicho por bicho, ración por ración, qué era aquello, cómo lo debía tragar y por qué me tenía que emocionar. Y yo comía, tragaba lo que escuchaba y le admiraba: mi padre era el patrón de aquella extraña cofradía sin mar.

Salía mareado y con la boca abordada por mil sabores; hinchado de humo y de cigarros, de tirones de mofletes; con las orejas reventadas por un cachondeo brumoso que no entendía, pero que intuía quizás, enano pero espabilado, a imagen y semejanza.

Porque también yo me despedía desde abajo, riéndome solo, como un gañán, cual inestable grumete en cubierta, olvidado y feliz en plena fiesta, agarrado de una mano al moscatel, y de la otra, a la pata de palo familiar.

Cumplíamos media hora exacta en aquel bar. Pasado ese tiempo, mi padre pagaba, recogía deprisa, despachaba abrazos y palmadas en los brazos, apretones de cuello y hasta algún beso, y salíamos escopeteados hacia la iglesia donde se suponía que teníamos que estar; sentados, arrodillados o a quien fuera rogando. Ayunando. Suspirando por una oblea de amor y de paz.

Y allí, a la entrada, a las puertas del cielo, a contracorriente de los abrigos de pieles que salían en tropel, mangábamos, del último banco, uno de los folletos con las canciones y las lecturas del día. De ese día maño y soleado en que habíamos decidido pecar, dentro de aquel sucio y divertido bar.

Subíamos a casa silbando, blandiendo el díptico robado, disimulando, cruzándonos amplias miradas ahogadas, mientras mi madre hacía que no se enteraba. Porque ahora sé que le daba igual.

12

Por qué la gastronomía eres tú

Al final de *Confesiones de un chef*, Anthony Bourdain ofrece 13 consejos para quien quiera convertirse en cocinero. El primero es que te lo creas: «No te sientes a mirar desde la barrera ni a ser un charlatán. Comprométete a fondo», anima este chef macarra y reputado, fallecido mientras ultimábamos este libro y que sorprendentemente explicaba su amor a la cocina mediante un repaso a los muchos errores, personales y profesionales, que le había costado su sueño. Primera lección: subrayar tus errores como motor. Menudo alivio.

El segundo consejo que ofrece este genio de nombre inglés y apellido francés a los novatos en su libro-confesionario resulta más desconcertante aún: «Aprende español». Y explica:

«Todo lo que insista en este punto me parece poco. Mucha de la fuerza de trabajo de la industria en la que estás a punto de entrar es hispanohablante. Te guste o no, la columna vertebral de la industria es la mano de obra barata de mexicanos, dominicanos, salvadoreños y ecuatorianos. Muchos de ellos son capaces de dártela bajo cuerda. (…) Si quieres llegar a líder, el español es esencial».

Anthony Bourdain anima a conocer «todo lo que puedas de las diversas culturas», su historia, geografía, costumbres, etcétera, porque «esos serán tus compañeros de trabajo, tus amigos, la gente con la que podrás contar para afianzar gran parte de tu carrera. Ellos a su vez esperan que sigas con ella». Para Bourdain la cocina, más que un gremio, es una cuestión de tribu. No por distinguir entre nacionalidades, sino por un sentido de fidelidades personales que las supera, porque entiende su biografía como la de un grupo, un relato colectivo.

Yo también.

Tengo 47 años, visto con el desconcierto de un tipo de treinta y procuro mantener la actitud descerebrada y positiva de un veinteañero. Soy un hombre indeterminado pero proclive. No sé exactamente a qué, pero proclive. Supongo que por eso meto la pata con una frecuencia fabulosa. Adoro a Hugh Grant. Sin embargo, cuando me abollo a causa de mis equivocaciones siempre regreso a la misma certeza: pienso que la vida es una posibilidad. Nada más y nada menos.

Naces porque sí, cometes tus primeros errores en la adolescencia, aprendes en seguida a apartarlos o a recordarlos con un relato tranquilizador, y conforme te desarrollas como las cucarachas, te acostumbras a vivir en círculos para evitar los peligros conocidos. El círculo del trabajo seguro, el de la pareja segura, el de las compras innecesarias, el de la hipoteca, el de las vacaciones en el mismo lugar o en distintos completando el plano turístico durante un agotador fin de semana sin parar de sacar fotos mientras caminas a paso ligero. El círculo del dolor de espalda y el ibuprofeno. El círculo de la tele. El círculo del teléfono móvil con su rodamiento infinito. Básicamente, convertirnos en adultos consiste en hacer todos los días lo mismo, creyendo que así avanzamos —como en el *scroll* de un móvil— hacia un objetivo identificable, hacia algo que disipará todas las nubes que hemos resuelto arrinconar y que no encajan en el relato que fabricamos mientras nos superan los días.

Coronando mis círculos de fuga se encuentra la comida. De todas las posibilidades diarias, la necesidad de comer varias veces cada 24 horas me parece la más fascinante e inagotable que nos ha concedido la inteligencia del sapiens. La comida es el círculo al que siempre quiero volver, a veces a hacer lo mismo y a veces a probar algo distinto. Un lugar donde se puede cambiar de opinión sin mediar razonamiento (yo odiaba las alcachofas, y ahora no imagino el invierno sin ellas), y un lugar donde deberíamos compartir sin vergüenza nuestras incongruencias. Solo necesitas a gente como tú: morroputas.

Morroputa es como llaman en Zaragoza al picofino, a quien gusta de las cosas buenas y caras sin saber que lo son. ¿No tienes ni idea de aceites, pero cuando te sirven del *rico* te relames? Eres un morroputa.

—A mí casi ponme una copa de ese otro vino, que me deja mejor cuerpo.

—¡Coño, del Pingus, vaya listo!

—Listo no: morroputa, caballero.

Mis padres pertenecen a esa clase media que afloró en España a partir de los años 60 y que durante las décadas posteriores vio cómo el ominoso tardofranquismo se convertía en un país adolescente lleno de entusiasmo, energía y dinero. Mis padres criaron a tres hijos que fueron a colegios de pago todavía controlados por el clero y que estudiaron carreras universitarias, hijos a los que ayudaron sin comprenderlos muchas veces, y a los que enseñaron cuanto sabían, sin saber a menudo que lo sabían. Eran morroputas. Poseen esa capacidad sencilla para localizar la belleza y la bondad de una forma intuitiva, por el olfato, como las ratas. Mi amor por la comida nace del relato de mi familia.

Cuando a mi padre le extirparon un riñón hace un tiempo, por ejemplo, mi madre le regaló al cirujano un buen jamón. Al principio me quedé perplejo. Mi madre es una mujer urbana, elegante y guapísima, y esa anécdota sonaba un pelín a Paco Martínez Soria. Luego ya me encajó. Mi madre es además de lo antedicho una mujer justa, y aquella transacción anatómica también lo fue: tú le arrancas a mi marido un órgano contaminado, y yo le quito una pata a un cerdo soberbio, la seco y te la doy, en justo intercambio. La pierna momificada del marrano es su verdadero corazón y el alma indiscutible de la gastronomía nacional, así que el detalle me parece cargado de significado, de aprecio y de valor. Un acierto: «Tenga lo mejor del puerco, que es lo mejor de este mundo enfermo, querido doctor. Espero que cada loncha le recuerde el agradecimiento eterno de esta humilde servidora por eviscerar al amor de su vida».

Sin embargo, no me atreví a preguntarle qué había sucedido con las intervenciones hospitalarias previas —otras ponzoñas similares en la cabeza y el colon—, o si ahora que a mi padre le han extirpado con éxito unos tumores de la vejiga pensaba endosarle al médico unas criadillas o qué. Da igual, seguro que cuanto eligiera estaba rico. Aun sin emocionarle, mi madre posee un tacto delicado para la comida. Tampoco le gusta demasiado mi padre y sin embargo ha demostrado un olfato estupendo para los hombres. Al menos para los que duran.

Ya su padre, mi abuelo Mariano, duró muy bien. Mi abuelo siempre estaba comiendo fruta. Desde que se jubiló, a todas horas te lo encontrabas atizándole mordiscos a un melocotón —mordiscos de crío: gordos, ansiosos y felices—, diezmando una sandía mientras departía con quienes pasaban en ese momento por la cocina, o pelando una naranja a pelo con sus dedos de zapatero remendón. Porque mi abuelo fue zapatero: sabía hacer zapatos, venderlos y repararlos. También tenía un problema de corazón que le prohibía la sal en la comida, y quizá por esa ausencia encontraba tanto sabor en la fruta, no sé. Nunca he visto a nadie disfrutarla igual, ni a nadie con más tiento para elegir el melón bueno de entre una gran pila.

Algunas mañanas yo me levantaba con resaca —con una de esas resacas juveniles: amnésicas, trempadas y felices— y me sentaba a comer rodajas con él. A su lado te calmabas. Con sus manazas desplazaba el cuchillo por el melón con la soltura de un delineante, cortaba una rodaja, me la daba, me miraba desde un soslayo de sorna y decía que a mí, en realidad, no me gustaba beber, que solo bebía porque lo hacían mis amigos. Y entonces se echaba a reír el jodío como si le hubieran contado el mejor chiste de su vida. Siempre que se acerca el verano, con su festival de fruta, me acuerdo de él, igual que cuando compro un melón a ciegas o cuando llevo unos zapatos a arreglar y el olor a cuero inevitablemente me hace llorar. Toda esa tristeza me hace muy feliz. Pero nunca se lo cuento a mi abuela.

Mi abuela se llama Victoria aunque en casa la llamamos Samotracia desde que hace años mi padre compró una enciclopedia Salvat de longitud ferroviaria porque le gustaba cómo quedaba la encuadernación en la estantería, y «para que estudiaran los chicos», que nunca hicimos otra cosa que mirar las fotos mientras evacuábamos en el baño o zanganeábamos en la cama las tardes del sábado. Pasando aquellas páginas donde la letra era el blanco, un día dimos con la estatua del ángel griego descabezado.

Cuando la llamas Samotracia, mi abuela, que cuenta ya una pila de años, siempre te responde que si hubieras estado allí no te haría tanta gracia, y entonces yo me acuerdo de cuando mi abuelo, para picarla, la llamaba Vitorina, citándola como a un toro, y de cómo se reía al verle torcer la cara. En fin.

Esa mujer —que de tan guapa, ojo, no desentonaría para rematar la estatua decapitada— me enseñó hace tiempo a cocinar unos huevos verdes, o el plato de Cuaresma que se apañaba en su casa de posguerra por Semana Santa. Cueces una docena de huevos, los partes por la mitad y les sacas las yemas. Las mezclas con pimientos rojos asados, con ajos tiernos y con bonito escabechado en conserva; y rellenas. Los rebozas en harina y huevo, los fríes con cuidado. Por último, los estofas un rato con abadejo y congrio secos —que habrás puesto a remojo para resucitarlos—. Obviamente, aunque sigas estos pasos al pie de la letra no alcanzarás la gloria gastronómica que significan los huevos verdes de mi abuela. Para eso, chaval, hay que tener en tu espalda dos alas.

Alentado por esas alas, yo mismo, a lo largo de mi fabulosa biografía posterior, he vivido innumerables aventuras gastronómicas. De todo he mojado, de todo he comido, qué manera de beber. La comida ha guiado y guía todos mis actos. Sobre todo el amor, el gran acto. Hasta mi mayor triunfo romántico lo conseguí ayudado por mi buen gusto.

Un 31 de diciembre invité a cenar a la señorita que posteriormente aceptaría convertirse en mi novia. Quedamos por la mañana y dejamos que el vermú nos arrastrase en volandas por un Oviedo incongruentemente soleado hasta pasadas las tres de la tarde, momento crítico en el que has de decidir si vas a comer o si continuas pincheando al tuntún, bajo riesgo de moña.

Yo estaba de un humor excelente, como anticipaba mi cara. La víspera había visitado a mis tenderos favoritos para adquirir los ingredientes de la cena acordada y todos se habían portado conmigo como elfos afectuosos. Joaquín, mi carnicero, me había regalado un recorte generoso de solomillo de ternera; mi pescadero, Monchi, tuvo el detalle de limpiarme los bocartes; y mi vinatero, Maxi, al que solicité que me aconsejara un vino para triunfar, me hizo una oferta a mitad de precio que no pude rechazar: Pittacum Áurea, cuyo solo nombre ya invitaba a reclinarse entre laureles. Y yo pretendía empezar el año precisamente reclinándome. No obstante, para asegurarme de que descorcharía algo pasada la medianoche, también eché al carro una botella de cava Colet.

Esa misma mañana había bajado el supermercado a comprar levadura fresca y me había agenciado de paso unos cangrejos baratos, pues las andaricas se vendían a 36 euros el kilo. Deduje por semejante precio que debían de ser nécoras universitarias, con gafas, demasiado sofisticadas para participar en la sopa de marisco de un cocinillas cutre como yo. Las inspeccioné, las husmeé y, educado siempre manque pobre, las saludé en perfecto inglés. Pero me llevé para casa a sus compadres proletarios, quienes de inmediato confirmaron mi elección pataleando con una vivacidad desesperada, y ciertamente contagiosa. Así que al acodarme en la barra de nuestro bar favorito para picar algo a las tres, mi ánimo mezclaba la alegría de Jim Henson con la perspectiva de una posterior cena sabrosa; mezclaba el apetito inmediato despertado por el calorcillo del vermú previo, con la prometedora presencia de una chavala dispuesta a aguantarme hasta el alba. O eso creía yo. La línea se convirtió en bingo cuando el jefe de sala nos informó de que además podía acomodarnos en una mesa.

Compartimos tres platos: una triada de raros escabeches caseros —tomates con kéfir, mejillones con fruta de la pasión, y perdiz con avellanas—, un plato de pixín negro con pulpo, y otro de setas frescas con huevo y foie. Como se ve, varios rodeos sucesivos al monte y al mar, a cual más espléndido, que me dejaron harto, con la respiración agradecida de un carnero, y a mi amiga, luminosa como un barco por el brillo de tanta sal entre sus labios. Al intentar besarla, me atizó un servilletazo. Y apuró ella sola la botella de Priorat.

Por la tarde paseamos, tomamos cafés con amigos, volvimos a pasear.

Parece mentira que haya transcurrido tanto tiempo desde aquel día impecable, porque lo recuerdo como si estuviera sucediendo hoy. Llegamos a mi casa hacia las ocho y media. Le serví una cerveza y la invité a descansar en el sofá del salón mientras yo remataba la cena, que había dejado encarrilada por la mañana. Horneé un pan de maíz. Acicalé la sopa de cangrejos con unas hierbas. Coloqué sendas bandejas con bocartes ahumados y bocartes marinados, custodiados los primeros por una gelatina de tomate y los segundos, por una bolica de paté de aceitunas y otra de wasabi. Y emplaté un steak tartar salpicado con el cebollino del alféizar, y acompañado por una sencilla mayonesa de anchoas.

Abrí el vino, puse la mesa con servilletas de tela, elegí un disco, bailé su arranque durante unos segundos, y empecé a zarandear a mi invitada, que había decidido reclinarse sola y se había quedado frita en el sofá.

Fue, probablemente, la mejor cena de mi vida.

Al acabar de comer, la susodicha se volvió a sobar en el sofá. Supe que era definitivo cuando, con sumo cuidado, muy despacio, sentado a su lado, le coloqué una mano sobre una teta y no se inmutó. Dejé la mano ahí un rato, mientras con la otra me acababa el cava. Me sentí imperial.

Y más o menos, este es mi currículum culinario, queridos amigos: la historia de una familia normal apegada al placer de comer. Quizá por cómo tradujo mi padre mi educación jesuítica en aquellos vermús iniciáticos posteriores a mi primera comunión me siento obligado a hacer proselitismo de mi amor por la comida allá donde voy. Siempre que puedo, invito a la gente que quiero a comer, pues no concibo una reunión mejor, una celebración más completa que esa donde la lengua se excita sensual e intelectualmente y la sangre te empuja a dormir y a abrazar. Si los platos que elijo han de comerse todos en el acto, porque se trata de ingredientes a la plancha o fritos, procuro que mis invitados se sienten en la cocina mientras socarro, para así no perder su compañía andando de la cocina al comedor. El comedor es un lugar imaginario, no un emplazamiento físico concreto. Normalmente prefiero llenar la mesa de viandas, al modo oriental o árabe, y cortar la cinta, dar el pistoletazo de salida para que cada cual se sirva sin remilgos y combine lo ofrecido como dios le dé a entender. Detesto el emplatado en casa, solo lo acepto en los restaurantes, pues me parece una forma de determinar una propiedad privada en lo que debe ser un disfrute compartido, basado en la confianza, como un mercado. Dice Alberto Herráiz:

«La diversidad de texturas del arroz exige que la paella se coma directamente en el utensilio de cocción. Cada comensal tiene una cuchara de madera. Se evitan los cubiertos metálicos por su gusto metálico y porque producen una sensación de frío. En la paella se define una geografía tácita que determina la parte que le corresponde comer a cada uno. A cada comensal se le atribuye la parte definida por una línea imaginaria. Así, la paella se divide en dos mitades si hay dos comensales, entre triángulos si hay tres y así sucesivamente. Cada uno se sirve en su zona. El centro de la paella está considerado un espacio común: si hay que servir a un enfermo o a un niño se sirve el arroz del centro de la paella. Y si a uno de los comensales no le interesa un ingrediente, lo puede colocar en el centro para que otro lo recupere».

La paella es un círculo colectivo.

Los buenos libros, como los de Herráiz o Bourdain, junto con los vinos, los mercados, las golosinas y las sobremesas —más aquellos relatos gastroeróticos que leía Manuel Julbe en Radio Nacional— han completado mis aventuras en la cocina y me han convencido con los años de mi autoridad para opinar. Me he erigido en otro Marqués de la Bocachancla, incapaz de callarse cuando se enfrenta a un Gastromonguer. Creo firmemente que la cocina mejora el mundo, que la mesa acerca, y por eso no soporto a quienes la entienden como una distinción. Sueño con constituir una logia de morroputas, una logia que desbanque a los gastrónomos tradicionales y donde nuestro único compromiso con el público sea el cachondeo, la chirigota, la francachela y otros sinónimos chulos de fiesta. Una Iglesia amateur y divertida que prefiera las preguntas a las respuestas, y la broma, por encima de todas las cosas definitivas. Masones de delantal florido, hermanos de cuchara, compañeros de pipas, activistas de platos vacíos en Instagram porque el ansia nos habrá impedido fotografiarlos antes de devorarlos. Una cantera de hombres y mujeres especialistas en vermús y en sobremesas, dispuestos a probar de todo y a callar cuando haga falta porque no nos daremos ninguna importancia, tal cual se presenta Julio Camba en *La casa de Lúculo*:

«Aquí donde ustedes me ven, yo me he dado muy buenas panzadas en este mundo, y el *embonpoint* que empieza a caracterizarme está hecho con las materias de la mejor calidad. Quizá alguna vez no haya andado muy sobrado de recursos, pero en la falta de recursos es, precisamente, donde comienza el apetito, base de la gastronomía».

Es la hora de este tipo de público. Tras el hambre de la dictadura, el bacalao de las masas, la cocina de las abuelas, la cocina fanfarria, los cocineros artistas, la comida industrial, la cocina de proximidad, el *food porn*, el *fast food*, la cocina molecular y la comida ecológica, es la hora de los que, simplemente, tenemos apetito y estamos contra todas las religiones del mundo. De los que queremos brindar todos los días aunque no exista motivo, de los que aprendemos a golpes, comemos basura a escondidas y no sabemos expresar por qué nos gusta un vino. De los que siempre queremos explorar, sin complejos, y que gracias a esta fabulosa época eléctrica nos hemos convertido en legión, para vergüenza de los legionarios. Así que sentémonos a la mesa, comulguemos con nuestros pecados y gritemos al alimón:

Españoles: la puta gastronomía ha muerto. ¡Viva la gastronomía! ¡Y larga vida a los morroputas!

Epílogo

Patricio con rodaja

Hasta que conocí a Patricio, yo era prácticamente heterosexual. Practicaba siempre que podía. Diferenciaba las entradas de las salidas. Me había enamorado un puñado de veces con la fuerza de los mares etcétera. En general, era amable con las jóvenes.

Conocí al hombre que habría de invertir mi vida en un bar donde yo ponía copas para completar el infame sueldo que me pagaban en la radio. Patricio jugaba a los dardos con un grupo de amigos junto a la barra. Al principio, dudé si era una chica con el pelo corto o un tío con un corte de chica. Solo le veía de espaldas, que no estaban mal: piernas largas, cintura suave, buen remate. Lanzaba los dardos con energía, pero agarrándolos con unos dedos finos que más que agarrar sostenían, como cuando alguien utiliza con maña delicada unos palillos chinos. Al sexto dardo, acertó en un 20 doble y soltó un gritito descocado que viró las cabezas de todo el local.

Maricón, pero era un tío.

Cuando el grupo, asiduo del bar, se acercó a pedir otra ronda, me lo presentaron. Y entonces dudé de si realmente se llamaba Patricio. El nombre, aparte de ridículo incluso en aquella época en la que no existía Bob Esponja, encajaba demasiado con un peinado que, ya visto de frente, recordaba en efecto al de un romano con faldita de una película péplum. «Pijus Magníficus», pensé al darle la mano. Patricio me entregó la suya lánguida, me miró áspero, recogió su cerveza con esa misma determinación sexual de revista femenina y regresó a batirse con la diana del rincón. Siguió lanzando dardos como un leñador con las uñas recién pintadas durante un rato largo, que aproveché para lanzarle varios vistazos furtivos más. Al marcharse, me ignoró.

Durante la juventud eliges a tus amigos por afinidad, porque comparten tus gustos, la condición de tu soledad, los entretenimientos para esconderte de ella. Necesitas coincidir en un plano sentimental y absoluto, pues los amigos íntimos te sirven para enfrentarte al mundo y no eres capaz de concebirlo soltándoles la mano. Luego, al envejecer (habitualmente más rápido de lo que creces), la cosa cambia. Te arrimas a personas que, aunque distintas en su modo de manejarse por la vida, manifiestan una actitud similar a la tuya: un humor particular, una forma de sortear los problemas, un bosón luminoso que detectas de inmediato y que ya ni te paras a analizar porque has empezado a apreciar el azar como un tablero de juego, en lugar de como un dios al que rezarle o un villano. Agradeces incluso que tus nuevos compañeros de rutina no encajen contigo, que aprecien otros placeres y que teman a peligros diferentes, probablemente porque en las décadas anteriores ya te has aburrido lo suficiente de ti. Y así, la frontera entre amigos y conocidos se difumina. Tu intimidad se trocea en función del magnetismo de cada persona a la que te arrimas, y con cada cual satisfaces una porción de tus andanzas. En lugar de perseguir el chuletón definitivo, prefieres irte de tapas.

Por supuesto, y si la fortuna te acompaña, en ambos periodos permanecen a tu alrededor un puñado de individuos cuya ligazón se afianza de una manera extraordinaria, ajena a cualquier suceso, a cualquier distancia, al enfado, y sobre todo a esa absurda exigencia de coherencia moral que tantas hermandades arruina. Hablo de lo contrario: de la amistad abierta, de los tendones de tus músculos. Sinceramente creo que esas personas componen las auténticas pasiones de cualquier biografía, y que quien no las atesora, muere virgen de toda risa. Yo me enamoré al primer ramalazo de Pedro, de Constan, de Déibis o de Jacinto, y sigo enamorado hasta el tuétano de lo que fueron y de lo que son. Lo cual no significa que, agazapado bajo ese afecto, esconda el anhelo inconfeso de que me peten el culo, según llevo reiterándole a Patricio desde hace años con toda la elocuencia de la que soy capaz.

Aún no lo he convencido.

Patricio y yo discurrimos paralelos durante bastan tes partidas de dardos, hasta que finalmente nos cruzamos en una intersección adolescente. A veces yo pinchaba en el pub, y resultó que nos gustaba una música similar. Las canciones, ya se sabe, catalizan cualquier simpatía, pues ahorran un montón de palabras que ya proporcionan otros por ti, con mejor puntería y con el sentimiento bombeado desde un ritmo conmovedor. Esa es la fortaleza del pop. No obstante, al confesarnos nuestro amor incondicional por Morrissey, Rufus Wainwright o The Magnetic Fields, hube de reiterar las antedichas aclaraciones sexuales, inútiles ante un espiritu tan noble como rompehuevos.

Patricio, espigado, de cabeza menuda y con unos ojos marrones que sonríen como las chicas que dibuja Jaime Hernández y que se agachan para llorar como las de Osamu Tezuka, se define a sí mismo como «una medianía». Se ve «medio inteligente, medio culto, medio guapo, medio divertido». Cree sinceramente que es alguien regular, y le complace. Al tratarle, descubrí que en efecto guardaba adentro lo mismo que enseñaba afuera (acicalado, eso sí, por las decenas de amaneramientos propios de su género diluido). No quería ser otra persona, aceptaba sus cartas con naturalidad. Era frágil y fuerte a la vez, listo y cabezón, optimista y angustias, pero desplegaba siempre la misma frescura alrededor. Era una normalidad perfecta. Simple, hermosa y florida como una canción de Teenage Fanclub.

Me enamoré hasta el tuétano de él. Del hombre que era y de la mujer que no podía ser.

Lo que vino a continuación es el relato habitual en cualquier comedia romántica. Los dos leíamos los prólogos de los libros al final, comíamos por diversión y otros rollos de ese tipo que tejen red. Su llaneza facilitó mi desnudez. Yo le grababa discos de Wilco y él me cocinaba unas lasañas fabulosas, acolchadas en mamatocúmulos de bechamel y suavizadas con zanahoria. Masticando, le hablé de mi amor por Scott Fitzgerald, Wilde, Richard Ford o Poe, un cariño sobrehumano porque supera al que guardo para muchas personas, pero él se centró en analizar únicamente «eso tuyo con Oscar Wilde». Le enseñé mi colección de tebeos, y se hizo fan de Modesty Blaise. Le aficioné al vino y él me contagió su adicción al dulce. Me enseñó de quesos, y yo le demostré que los catalanes son los mejores charcuteros del planeta. Juntos encumbramos a Balenciaga en ese altar de bellezas mundanas que cualquier pareja construye en sus tardes de sofá, solo que Patricio realmente soñaba con lucir algún día alguno de sus vestidos. De vez en cuando, durante aquellas tandas de confidencias, él me pedía que me desnudara más, y yo le contestaba que no, coño.

Hasta que una noche, tumbados en el sofá de madrugada después de parlotear, beber y escuchar discos, nos quedamos dormidos. Me desperté con la nariz pegada a su nuca rapada, el sol perezoso por la ventana, y todo me pareció adecuado. Él asegura que durante mis sueños le metí la lengua en la oreja. Yo sólo sé que dormí de un tirón. Supongo que en esa mañana nos convertimos en una pareja, o en un bocadillo…, o yo qué sé.

Juntos hemos desvelado grandes misterios primigenios. Hemos viajado a mil sitios pequeños como exploradores de barras y edificios. Hemos visto la vida pasar. Y yo, alentado por los amplios carrillos con los que se come satisfecho todo cuanto guiso, me he convertido poco a poco en un gran cocinero casero.

Le he cogido el punto al arroz, he ampliado mi abanico de caldos y sofritos, he perfeccionado mi salsa de tomate, los aliños, la puntería con las especias, la cocina a la plancha y la suavidad de mis escabeches. He dejado de cocer las verduras en agua. Manejo el mortero como un druida loco. Y he aprendido a ser feliz simplemente haciendo pan. Me siento frente al bol a contemplar cómo fermenta lenta la masa, mientras Patricio me atora la cabeza con sus relatos en rosa sobre las menudencias de un universo gay al que —insiste e insiste— debería incorporarme de inmediato.

Una vez leí a Friedrich Nietzsche y me mareé, así que di por sentado que su teoría sobre el Eterno Retorno, sobre nuestra presunta existencia circular, acertaba. Patricio y yo dormimos juntos cuando podemos, él siempre de lado, acercándome el culo, y yo arqueado, para reafirmar mi heterosexualidad, aunque en realidad eso ya me da igual. Dormimos invertidos ambos, y muchas veces despertamos justo del revés, como si durante la noche hubiéramos rotado alrededor de un eje formado por el solapamiento de nuestras dos trayectorias antaño paralelas. Nuestros días son una diana y ya no me preocupo siquiera por mi propia historia, por ese relato que todos nos construimos para explicarnos las cosas que nos suceden por azar y conferirles así una lógica tranquilizadora que en el fondo sabemos absurda. Ahora, cuando quiero contarme algo, escribo un post mongolo; y cuando quiero viajar, me acodo en un bar con mi bocata homosexual. Quizá nos veáis algún día: Patricio parece una estrella fucsia estirada, y yo, un cuadrado amarillo con los ojos abiertos de par en par, buscando todo alrededor, pensando en nada.

Si afinas los colores, él es el vermú, y yo, la rodaja de naranja.

Bibliografía brevemente comentada

La mayor parte de lo escrito en este libro lo he copiado o plagiado, consciente o inconscientemente, de otros muchos libros. Libros que en su mayoría aparecen citados en mi torpe discurso y que merece la pena leer. Son los siguientes.

—JORGE, David de, *Con la cocina no se juega*. Debate, 2010. A mi tocayo le he mangado el término *egochef*, además de intentar imitar su humor impenitente. David es de esas personas cuya sola imagen te alegra la cara.

—SANTAMARÍA, Santi, *La cocina al desnudo*. Temas de Hoy, Madrid, 2009. Que Baco le tenga en su gloria. El cocinero más valiente que ha dado España, y el libro que tantos quisieron enterrar.

—VÁZQUEZ MONTALBÁN, Manuel, *Contra los gourmets*. DeBOLS!LLO, Barcelona, 2005. El ensayo que me abrió los ojos y el que he copiado descaradamente aquí. Porque todavía sigue vigente su espíritu. El mismo que Montalbán extendió a tantos otros ámbitos de la vida española.

—NUWÁS, Abu, *Cantar al vino*. Cátedra, Madrid, 2010. Un delicioso poemario sobre el vino como libertad y amor. No sé por qué, pero en cada verso me imagino a Abu reclinado, alzando la copa tambaleante hacia la luna, y por supuesto riendo.

—FEIRING, Alice, *La batalla por el vino y el amor. O cómo salvé el mundo de la parkerización*. Tusquets, Barcelona, 2010. A mí me parece que con este libro extraño, algo frustrado, donde lo mejor es el título, en realidad ni siquiera acaba salvándose ella. Como decía Virginia Woolf, es imposible hacerlo cuando escribes desde el rencor. Y es una pena, porque Parker merece un archienemigo a su altura.

—Martínez Llopis, Manuel, *La cocina erótica. Historias y recetas*. R&B Ediciones, San Sebastián. Este prometedor recetario está organizado por épocas y países, y tiene un aire a libro prohibido de convento (pero lo que se dice eficaz, eficaz, pues hombre…) Más allá de lascivias, leer a Llopis es obligado como pionero de la gastronomía española contemporánea.

—Brillat-Savarin, Jean-Anthelme, *Fisiología del gusto*. Ediciones Trea, Gijón, 2010. Es el Antiguo Testamento de la Gastronomía, pero sin asesinatos. Una auténtica delicia, absolutamente válido en su actitud. Debería ser un texto escolar, de lectura, aprendizaje y debate. Mantel mediante, por supuesto.

—Cassi, Davide & Bocchia, Ettore, *La ciencia en los fogones. Historia, ideas, técnicas y recetas de la cocina molecular italiana*. Ediciones Trea, Gijón, 2005. La mejor forma de entender qué leches es la cocina molecular y el discurso de quienes la practican con más objetivo que el de epatar a su clientela. El recetario que adjunta es además asequible para torpes sin necesitar invertir un dineral en artefactos.

—Fourier, François Marie Charles, *Valor educativo de la ópera y la cocina*. Ediciones Trea, Gijón, 2008. Una utopía encantadora, con dibujos de los falansterios y todo, muy adecuada para estos tiempos cínicos de mal humor generalizado en las redes sociales y en los trabajos y en todos lados. Fourier habla de los chiquillos con el mismo cariño que me asoma a mí cuando veo a un lechón o a un ternasco a punto de introducirse en el horno.

—CHILD, Julia. *El arte de la cocina francesa*. Debate, Barcelona, 2013. Una edición preciosa, que ha conocido ya un segundo volumen y que ha de completarse con la película *Julie & Julia* donde Meryl Streep encarna a la celebérrima cocinera norteamericana. Hay que leerlo y practicarlo, y desesperarse con sus medidas en tazas y tacitas. Y qué sopa de cebolla, madre.

—JORGE, David de y BERASATEGUI, Martín, *Más de 999 recetas sin bobadas*. Debate, Barcelona, 2012. Recetario inagotable y práctico como ninguno. En general, cualquier libro en el que participen estos dos bandarras merece incorporarse a la estantería. Incluso el posterior *Más de 100 recetas adelgazantes pero sabrosas*.

—HERRÁIZ, Alberto, *Paella*. RBA, Barcelona, 2013. La edición de este libro mayúsculo simula un saco de arroz. Adentro, todo es igual de bonito, desde el planteamiento tranquilo y valiente del autor, como las recetas, que parten de lo básico (cómo sofreír, cómo elaborar caldos) hasta lo arriesgado.

—ORTEGA, Simone, *1 080 recetas de cocina*. Alianza Editorial, Madrid, 2007. No me acaban de convencer las ilustraciones, pero la verdad es que esta reedición queda estupenda en la estantería. Y ese atributo nunca se puede desmerecer.

—YARZA, Ibán, *Pan casero*. Larousse, Barcelona, 2015. La biblia del panadero amateur, perfecto para quienes quieran introducirse en el fascinante mundo del emplastado de harina salpicado por toda la cocina sin saber cómo demonios has acabado así. De ahí a ser feliz salpicando, amasando y horneando solo hay unas cuantas páginas. Ya nunca volverás a entrar en una panadería igual.

—SEGNIT, Niki, *La enciclopedia de los sabores. Combinaciones, recetas e ideas para el cocinero creativo*. Debate,

Barcelona, 2011. No aparece mencionado en las páginas previas, pero es uno de mis libros favoritos de cocina. Es un recetario, un cuento y una guía científica a la vez. Si, como yo, decides lo que vas a cocinar en función de los ingredientes que encuentras en el mercado, en lugar de los que marca la receta, las combinaciones que recopila Segnit y sus encantadoras explicaciones multiplicarán tu eficacia en el fogón y su disfrute.

—OLIVER, Jamie, *La cocina de Jamie Oliver. Recetas frescas de un joven chef*. RBA, Barcelona, 2004. Cada vez que lo saco de la estantería le doy un beso. Lo confieso. Mi amor por Jamie es inabarcable. Anoto este libro porque fue el primero, pero valdría cualquier otro. En especial, su primer viaje por Italia y *En casa con Jamie*.

—DICKIE, John, *Delizia! La historia épica de la comida italiana*. Debate, Barcelona, 2014. Monumental. Todo lo que creías saber de los espaguetis y la pizza y que, caramba, era mentira. Al leer a Dickie te entran ganas de que todos los historiadores sean tan amenos y de que todas las historias sobre la cocina sean tan rigurosas.

—FALCÓ, Carlos, *Óleum. La cultura del aceite de oliva*. Grijalbo, Barcelona, 2013. Mi parte favorita de este tratado demasiado científico es la mención breve que hace el marqués a la hija que le salió rana (que no es precisamente la que se ocupa de los aceites familiares).

—STANDAGE, Tom, *La historia del mundo en seis tragos. De la cerveza de los faraones a la Coca-Cola*. Debate, Barcelona, 2006. Divertidísimo. Una suerte de Jared Diamond con una copa en la mano, narrado como una colección de datos y anécdotas que sin embargo acaba cogiendo forma de tesis.

—PENDERGRAST, Mark, *Dios, patria y Coca-Cola. La historia no autorizada de la bebida más famosa del mundo*. Vergara, Buenos Aires, 1993. Aparte de la historia, incluye la fórmula secreta, o eso dice. No he podido constatarlo.

—BELLUSCIO, Marta, *Comida y cine: placeres unidos*. Editorial La Máscara, Valencia, 1997. Libro viejo, que obviamente necesita una actualización, pero de los pioneros en comparar ambos mundos. Hay algo entrañable en pensar que fue recopilado y escrito antes de que existiera internet.

—CASTELLVÍ, Marc y PIFARRÉ, Adrià, *No más platos de mamá. Sesenta razones para no echarla de menos*. Plaza Janés, Barcelona, 2013. Una chulada de idea, de blog, de recetas, de diseño, de fotografías, de encuadernación y de espíritu. Cada vez que lo abro me doy cuenta de que me gustaría haberlo escrito.

—GARCÍA, Abraham, *De tripas corazón. La biblia de la casquería, palabra de Abraham*. Planeta, Barcelona, 2009. Se lee como una novela, de tan bien que escribe Abraham y de tanto que hace reír. Un caballero chapado a la antigua en sus formas que atesora varios siglos de sabiduría entre el gorro y el delantal. Nadie ha escrito nada igual sobre nuestras entrañas.

—BARNES, Julian, *El perfeccionista en la cocina*. Anagrama, Barcelona, 2006. Creo que lo he leído ya cinco veces. Barnes es capaz de hacer que el lector se sienta inteligente y polifacético contándole las cosas con una sencillez aplastante a la que reconforta regresar. Las ilustraciones de esta edición son preciosas. Y las carcajadas, gloriosas.

   —*El sentido de un final*. Anagrama, Barcelona, 2012. Aparte de todo lo antedicho, una de las mejores novelas de nuestro tiempo.

—PETRINI, Carlo, *Bueno, limpio y justo. Principios de una nueva gastronomía*. Ediciones Polifemo, Madrid, 2007. Un poco coñazo a ratos, pero hay que leerlo como el libro fundamental que es. Supuso un giro en la gastronomía mundial, que probablemente necesite una actualización a la vista de todo lo que ha sucedido en la última y frenética década.

—POLLAN, Michael, *Cocinar. Una historia natural de la transformación*. Debate, Barcelona, 2014. Probablemente, el mejor libro sobre la gastronomía que puedas comprar: historia, ciencia, trabajo de campo, diario personal y esa conciliación con la vida, con la satisfacción de estar aquí, que le insufla Pollan a todo lo que cuenta.

—BOURDAIN, Anthony, *Confesiones de un chef*. RBA, Barcelona, 2010. Probablemente, la mejor autobiografía profesional de un cocinero. Todavía no acabo de creerme que se muriese justo cuando yo terminaba este libro. Supongo que ahora mismo estará charlando con Julio Camba mientras el universo estalla a sus espaldas.

—CLARKE, Oz, *Permítame que le hable sobre el vino. Guía para entender y disfrutar del vino*. Blume, Barcelona, 2014. Si te gusta el vino, esta guía mundial de Oz es imbatible. Nada de pretensiones, mucha información y una maquetación agradable. Un auténtico manual de todo el planeta vinícola.

—ROTH, Joseph, *La leyenda del santo bebedor*. Anagrama, Barcelona, 2009. Un cuento tan pequeño como inmenso, tan breve y profundo como una copa de absenta.

—DELGADO, Carlos, *Manual del santo bebedor. Todo lo que necesita saber para gozar del vino*. Ediciones Amargord, Madrid, 2010. Lo puedes llevar en el bolsillo y echar mano de él en cualquier cata. Algunas recomendaciones finales de bodegas se han quedado lógicamente desfasadas, pero el grueso del libro es un breviario muy útil.

—CARANDELL, Luis, *Los españoles*. Círculo de Lectores, Barcelona, 1971. Qué poco nos acordamos de Carandell y qué fenomenal retratista de nuestro carácter fue. Uno de los grandes periodistas de la historia de España. Complétese esta lectura con *Celtiberia Show*, el volumen que recoge el material cañí sobre nuestro paisaje y paisanaje que Carandell recibía y comentaba en el semanario *Triunfo*.

—Cueto, Juan, *Cuando Madrid hizo pop. De la posmodernidad a la globalización*. Ediciones Trea, Gijón, 2011. Insuperable recopilación de sus mejores artículos, que son muchísimos. Leídos hoy asombran por su capacidad de vaticinio sobre nuestra sociedad.

—Bellow, Saúl, *Todo cuenta. Del pasado remoto al futuro incierto*. Galaxia Gutenberg / Círculo de Lectores, Barcelona, 2005. Es también una recopilación de artículos de todo tipo, que merece la pena por su descripción del viaje por España que referimos en estas páginas. Y por leer a Bellow, claro.

—Miquel, Jaime, *La perestroika de Felipe VI*. RBA, Barcelona, 2015. Un ensayo lúcido sobre las circunstancias políticas de España previo al actual ascenso de la ultraderecha. No le vendría mal leerlo al monarca. Miquel es un analista sagaz y riguroso, que parte siempre de los datos científicos y cuya pluma acerada da gusto leer.

—Azúa, Félix de, *Diccionario de las artes*. Debate, Barcelona, 2011. Este manual se puede leer de un tirón cual ensayo o usarse, en efecto, como diccionario. Y sirve para disfrutar del Azúa previo al cabreo que actualmente arrastran sus escritos, escocidos con el país hasta cotas incomprensibles.

—Pla, Josep, *Lo que hemos comido*. Austral, Barcelona, 2013. Me gusta tanto Pla que cuando lo leo me apetece aprender catalán para leerle en su idioma natural. Este compendio gastrófago revela su amor y su pena por lo rural. Un clásico.

—CAMBA, Julio, *La casa de Lúculo*. Reino de Cordelia, Madrid, 2015. El hombre que me espera en el cielo fue capaz de superar su prodigiosa pereza y reunir en este libro sus mejores reflexiones sobre el placer de comer, beber y alrededores.

—WILSON, Bee, *La importancia del tenedor. Historias, inventos y artilugios en la cocina*. Turner, Madrid, 2013. Ameno, erudito, revelador. Una de las mejores escritoras de gastronomía actuales. Te suministrará anécdotas a porrillo para entretener tus veladas.

—HAYWARD, Vicky, *Nuevo arte de la cocina española de Juan Altamiras*. Ariel, Barcelona, 2017. Acaba de ser recuperado, y merece la pena porque es el recetario español más usado durante siglos en España. La edición es chula.

—AMIS, Kingsley, *Sobrebeber*. Malpaso, Barcelona, 2014. Un dandi divagando sobre el alcohol con un Martini en la mano y recostado en un diván de terciopelo. El Lord Henry que todos hubiéramos querido tener a nuestro lado cuando éramos jóvenes como Dorian Gray.

—CHANG, Ha-Joon, *Economía para el 99% de la población*. Debate, Barcelona, 2015. Si no sabes de economía, este libro te explica que no es en absoluto una ciencia. Chang, a pesar de su éxito mundial, es un marginado de la comunidad internacional de economistas porque cuestiona sin tapujos los principales mandamientos del neoliberalismo.

—CAMPBELL, Eddie, *Baco*. Astiberri, Bilbao, 2013. 5 volúmenes. Su lectura, que te ocupará unos meses y que es histriónica por momentos, debería completarse con *El gourmet solitario* y *Paseos de un gourmet solitario*, tebeos ambos editados también por Astiberri.

—ESCOFFIER, Auguste, *Mi cocina*. Ediciones Garriga, Barcelona, 2005. Alguien debería reeditar este Nuevo Testamento en condiciones. Resulta increíble que no puedas encontrar los libros de Escoffier en ediciones cuidadas.

— McGee, Harold, *La cocina y los alimentos*. Debate, Barcelona, 2007. De muchas cosas no entenderás un carajo, pues requiere ciertos conocimientos previos. Pero es un libro histórico, que además da gusto tocar y que también queda estupendo en la estantería.

— Erner, Guillaume, *Víctimas de la Moda. Cómo se crea, por qué la seguimos*. Gustavo Gili, México, 2005. El título original venía entre interrogaciones, pero en España decidimos quitárselas. Porque ya se sabe que aquí no somos tontos. Con interrogaciones o sin ellas, Erner disecciona una de las adicciones contemporáneas desde la tradición de una familia costurera y con una sólida formación como sociólogo.

— Fontcuberta, Joan, *Danza sélfica*. Artículo publicado en el diario El País el 2 de junio de 2016. https://elpais. com/cultura/2016/05/27/babelia/1464350594_684335. html. Complétese con cualquier libro del autor, nuestro mejor ensayista sobre la imagen actual.

— *Come como antes, 94 recetas inolvidables*. Cruz Roja de Jaca, Zaragoza, 2003. Un auténtico libro de abuelas: las que aportaron su memoria a esta recopilación con fines solidarios. Es una edición rara, muy difícil de encontrar hoy en día.

Agradecimientos

La idea de escribir este libro fue de Pedro Vallín. También el aliento, los consejos, las correcciones y el esfuerzo para conseguir que se publicara en las mejores condiciones.

Maximino Rodríguez Marina hizo lo mismo, promocionándolo con entusiasmo antes siquiera de que lo hubiese terminado. Jacinto Santos, Susana Maestre, Enrique Munárriz, Eduardo Tejero, Ramón Muñiz y Míchel Ruiz Álvarez leyeron las distintas versiones y me animaron a continuar.

Mi familia me aguantó los extraños humores de estos años.

Y Patricio me cuidó.

No conozco a nadie más afortunado que yo.

Índice